Juventudes
SP

Panoramas e iniciativas
com foco na juventude
de São Paulo

Iniciativa	Comgás
Pesquisa	Cenpec
Coordenação geral	Maria do Carmo Brant de Carvalho
Coordenação de área	Maria Júlia Azevedo Gouveia
Coordenação do projeto	Lucia Helena Nilson
Elaboração	Juliana Breschigliari
	Maria Brant
	Maria Cristina Rocha
Assessoria	Irineu Barreto
	Simone A. Jorge
Banco de Dados/Diagramação	Daniel Carvalho
Colaboração	Célia Pecci
	Denise Blanes
	Érica Santos
	Fernanda Miura
	Flávia Aidar
	Ivana Boal
	José Welington Berti
	Ruy Carlos de Freitas
	Stela Ferreira
	Wilson Roberto Lima Dias

Agradecimentos

Socialização Reflexiva:

Coordenadoria de Juventude da Prefeitura do Município de São Paulo

Fundação Abrinq

Instituto Credicard

Instituto I9Ação

Programa Aprendiz Comgás

Secretaria Municipal de Assistência e Desenvolvimento Social de São Paulo

Visitas de Aprofundamento:

Associação Casulo – Projeto Observatório Social

Associação Vinhedense de Educação – Programa Capacitação Inicial

Cenpec – Programa Jovens Urbanos

Cooperativa Educacional e Assistencial Casa do Zezinho – Oficinas de Capacitação Profissional

Fundação BankBoston e Cidade-Escola Aprendiz – Projeto Rádio Ativo

Fundação Hélio Augusto de Souza – Projeto Integração e Programa de Aprendizagem Profissional

Instituto Pão de Açúcar de Desenvolvimento – Programa Futuro@Eu – Educação para o Trabalho

Programa Aprendiz Comgás

Programa Educação para o Trabalho – Quixote Jovem

Secretaria Municipal de Assistência e Desenvolvimento Social de São Paulo – Programa Agente Jovem de Desenvolvimento Social e Humano

Secretaria Municipal do Bem-Estar Social de Marília – Projeto Casa do Pequeno Cidadão

Juventudes SP

Panoramas e iniciativas
com foco na juventude
de São Paulo

Apresentação de Helena Abramo

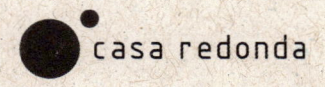

Pesquisa técnica

Apoio

Patrocínio

Editora
Renata Borges

Gerente editorial
Noelma Brocanelli

Assistentes editoriais
Carolyni Brito Sucoski
Viviane Akemi Uemura

Coordenadora do projeto
Minon Pinho (Casa Redonda)

Projeto gráfico e editoração
Alfredo Carracedo Castillo

Revisão
Fábio Gonçalves
Mineo Takatama

Ilustrações
Aline Nogueira de Araujo
Marcos Henrique Honório da Silva
Thiago de Lima Ramos

Dados Internacionais de Catalogação na Publicação (CIP)
(Câmara Brasileira do Livro, SP, Brasil)

Juventudes: panoramas e iniciativas com foco na juventude de São Paulo / apresentação de Helena Abramo; pesquisa técnica CENPEC – Centro de Estudos e Pesquisa em Educação, Cultura e Ação Comunitária . – São Paulo: Peirópolis, 2007.

Apoio: Cidade Escola Aprendiz.
Patrocínio COMGAS.
Bibliografia.
ISBN 978-85-7596-132-2

1. Juventude –, Educação – São Paulo (Estado) 2. Programa Aprendiz Comgás I. Abramo, Helena, II. CENPEC – Centro de Estudos e Pequisas em Educação, Cultura e Ação Comunitária.

07-7948   CDD-379.0835098161

Índices para catálogo sistemático:

1. Juventude: Educação: Inserção do Programa Aprendiz Comgás: São Paulo: Estado   379.0835098161
2. São Paulo: Estado: Educação da Juventude: Inserção do Programa Aprendiz Comgás   379.0835098161

EDITORA
PeirópoliS

1ª edição • julho de 2008
Todos os direitos reservados à
Editora Fundação Peirópolis Ltda.
Rua Girassol, 128 – Vila Madalena
05433-000 – São Paulo – SP
Tel.: (55 11) 3816-0699
Fax: (55 11) 3816-6718
vendas@editorapeiropolis.com.br
www.editorapeiropolis.com.br

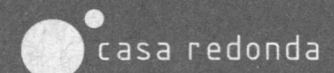

casa redonda

Casa Redonda Produções
Rua Medeiros Albuquerque, 95
conj. 01 – Vila Madalena
São Paulo/SP – 05436-060
Tel.: (55 11) 3814-9195

L BRE

Filiada à Libre – Liga
Brasileira de Editoras

Pensar jovem, pensar transformação

Comgás

A Comgás – Companhia de Gás de São Paulo – é a maior empresa de distribuição de gás natural canalizado do Brasil. Atende aos segmentos residencial, comercial, industrial e veicular da região metropolitana de São Paulo, Baixada Santista, Vale do Paraíba e Campinas.

A empresa traz, em sua estratégia de negócios, o conceito de responsabilidade social empresarial: compromisso ético voltado para a criação de valores para todos os públicos com os quais ela se relaciona: clientes, funcionários, fornecedores, comunidade, acionistas e governo.

Na área social, a Comgás trabalha continuamente para ser uma incubadora de ações inovadoras e de reconhecido sucesso, com base numa política de investimento social que tem como desafio romper dinâmicas de exclusão e promover o desenvolvimento social.

Assim, em 2000, a Comgás e a Associação Cidade Escola Aprendiz formularam e implementaram o Programa Aprendiz Comgás, destinado à formação de grupos de jovens dotados da idéia e da vontade de implementar projetos de intervenção em suas comunidades.

O programa já capacitou aproximadamente 1.400 jovens que elaboraram e desenvolveram cerca de 320 projeto de intervenção social, visando solucionar questões de suas comunidades, e recebeu diversos prêmios ao longo dos seus oito anos de existência.

Em 2005, a Comgás estabeleceu como desafio realizar, em parceria com o Centro de Estudos e Pesquisas em Educação, Cultura e Ação Comunitária (Cenpec), um levantamento aprofundado do contexto juvenil no Estado de São Paulo e de outras iniciativas dirigidas para o mesmo público.

O resultado dessa pesquisa transformou-se no livro *Juventudes SP*, que ela tem o orgulho de patrocinar.

A Comgás acredita que, ao compartilhar tais conhecimentos com toda a comunidade, pode estimular ações consistentes que promovam a participação e a ação autônoma do jovem na sociedade.

Um novo modelo de juventude

Natacha Costa
Diretora da Associação Cidade Escola Aprendiz

Revelar e compreender a juventude paulista, sua história, suas características atuais, os significados que atribui ao mundo, os sonhos, suas expectativas e seus desafios são pressupostos fundamentais para qualquer proposta que envolva o jovem no estado de São Paulo.

A equipe do Programa Aprendiz Comgás tem enfrentado esse desafio com admirável competência e compromisso desde a sua criação. Compromisso que se revela na admirável iniciativa da Comgás de encomendar esta pesquisa para analisar sua ação de forma contextualizada e crítica.

Ao conceber o programa, a Associação Cidade Escola Aprendiz procurou imprimir a marca que reproduz em todas as suas ações: o pacto com a garantia de uma formação integral de crianças, adolescentes e jovens, tendo como foco o respeito à autonomia e a valorização de suas identidades, formas de agir, de viver e de se expressar.

O processo educativo que buscamos empreender visa promover experiências significativas que permitam ao aprendiz desenvolver uma atitude consciente e responsável em relação a si mesmo e ao mundo, estabelecendo suas redes e construindo seu projeto de vida a partir da experiência coletiva, da ampliação contínua do seu repertório sociocultural, da reflexão crítica e da possibilidade de difusão do que produz.

Por essa perspectiva a pesquisa nos mostra que estamos no caminho certo. Mas, é mais importante ainda reconhecer que temos muito para construir porque os desafios que a juventude, ou melhor, que as juventudes nos apresentam são complexos e demandam incessante pesquisa, estudo, experimentação e avaliação.

Desse modo, esperamos que esta publicação contribua para uma reflexão profunda e fomente a construção de políticas governamentais e não-governamentais que reconheçam nos jovens a sua potência, sua energia transformadora, sua criatividade e sua capacidade de contribuir de forma ativa e protagonista para a reinvenção contínua e para a construção de um estado e de um país mais justo e democrático.

Sumário

A afirmação da juventude

Helena Abramo

É um sinal muito positivo verificar que muitos dos textos, artigos, documentos que têm sido escritos sobre os jovens brasileiros nos últimos dois a três anos iniciem com a anotação de que tem crescido a importância desse tema na agenda do país. De fato, há uma série de indicações que atestam esse crescimento: quantidade de pesquisas, estudos, publicações sobre o assunto, número de ações e programas de organizações da sociedade civil e do chamado "terceiro setor" dirigidos a esse público, criação de organismos de gestão governamental responsável por políticas específicas para a juventude em todos os níveis da federação, diversificação da presença do tema na mídia.

Trata-se de uma movimentação social motivada pelos enormes desafios colocados para essa geração de jovens, que experimenta, na virada do milênio, paradoxos inusitados e profundas dificuldades de inserção social. Como definiu Martin Hoppenhayn, os jovens vivem atualmente tensões e dificuldades geradas pela coexistência de uma dimensão de grande integração (no sentido da conexão com as fontes maciças de informação e comunicação) com uma dimensão de exclusão (no sentido da dificuldade de acesso ao trabalho produtivo e à maior parte dos benefícios econômicos do desenvolvimento), tendo ainda de conviver com altos graus de violência e discriminações de vários tipos, assim como com a perda de horizontes em longo prazo.

É a profundidade das questões que afetam os jovens que os traz para o centro da preocupação social, e é a necessidade de gerar respostas a essas questões que desencadeia o ainda muito recente impulso de iniciativas, programas, políticas específicas para essa parcela da sociedade. Pode-se dizer que é também uma movimentação que busca responder às demandas, interrogações e provocações propostas pelos próprios jovens, que são, no final das contas, não apenas vítimas ou beneficiários, mas sujeitos ativos desse contexto. De muitas e variadas maneiras, diferentes tipos de coletivos juvenis (entre grupos culturais, organizações políticas e entidades estudantis e comunitárias) vieram tornar públicas as questões que os afetam, cobrar resoluções e propor ações de mudança. E é essa percepção uma das referências principais que guiam tanto a estruturação do Programa Aprendiz Comgás como a ótica da realização do estudo que aqui é apresentado, desenvolvido pelo Cenpec justamente para compreender o contexto mais amplo da realidade do público juvenil e das ações sociais em que esse programa se desenrola.

Trata-se de um estudo muito bem-vindo porque, apesar do foco crescente sobre o tema da juventude, ainda se faz necessário avançar muito na produção de conhecimento, informação, análise e reflexão. Pois, se podemos comemorar o crescimento do número e o alcance das ações dirigidas aos jovens nos últimos anos no nosso país, ainda há muito que avaliar a respeito do enfoque e dos objetivos que orientam essas ações. Por isso faz-se importante a análise crítica dos conceitos e das diretrizes que estruturam e são reforçadas por essas intervenções para poder avaliar em que direção caminha essa crescente atenção à juventude.

Esta publicação segue um percurso muito interessante, pois inicia com uma contextualização que visa ao mesmo tempo fornecer informações relevantes para o entendimento das questões da juventude e localizar os termos do debate que estruturam as visões e as ações a respeito desse tema. Os autores retomam as publicações recentes sobre a juventude no Brasil para iluminar os dados populacionais, principalmente aqueles que indicam a situação social e a condição educacional dos jovens do estado de São Paulo. E entram no debate que se trava sobre a compreensão do lugar e do papel dos jovens na conjuntura nacional, chamando a atenção para uma mudança de perspectiva, recente, nessa abordagem, que consiste, basicamente, em superar a percepção da juventude como um problema para compreender e apoiar os jovens como sujeitos de direitos, ou seja, identificar, certamente, os problemas que afetam os jovens, mas também o que eles trazem de potencialidade para a produção de respostas. O que significa, por um lado, ir além da proposição de realizar ações de contenção e de correção dos "desvios" dos jovens, buscando reforçar os mecanismos de garantia de seus direitos, e, por outro, valorizar o que há de questionador e propositivo nos jovens, compreendendo a relevância que sua atuação tem para a sociedade. Ou, como afirma o texto que se segue, reforçar a "visão do potencial criativo dos jovens e da necessidade de garantia de seus direitos".

A segunda parte é dedicada à análise de um conjunto de ações, programas e políticas dirigidas a jovens no estado de São Paulo. O recorte para a seleção dos programas mapeados é o dos programas que executam "ações socioeducativas", alinhadas com a idéia da formação e da proteção integral. Trata-se, como está explícito, não de um levantamento exaustivo, mas das ações com visibilidade naquele momento (a pesquisa foi realizada entre fim de 2004 e início de 2005). Não esgota, portanto, o universo dos programas e das políticas dirigidas aos jovens, mas fornece um mapeamento significativo, importante, para captar tendências.

Pois é isto que importa levantar, pela perspectiva desta publicação: quais são as tendências em jogo, quais os "modelos" que se diferenciam, onde estão aparecendo as inovações significativas; em qual dessas tendências o programa avaliado (o Aprendiz Comgás) se insere, em que sentido ele se soma, reforça ou inova no interior do conjunto ao qual se filia. E, iluminando os pressupostos e enfoques e as linhas de ação que sustentam os programas, o olhar crítico que guia a análise também aponta as tendências que precisam ser superadas e as que merecem ser reforçadas e aprofundadas, aquelas nas quais se deve apostar. Trata-se, portanto, de uma análise sobre o engajamento social.

O resultado desse levantamento, que reúne cerca de 550 iniciativas, permitiu construir um mapa em que se pode verificar as concentrações geográficas das intervenções e a distribuição entre poder público e iniciativa privada no desenvolvimento de tais ações. Desse mapeamento inicial foi tomada para análise quase uma centena de programas, compondo um conjunto no qual o PAC se insere, ou seja, programas socioeducativos com foco no público de 15 a 24 anos, promovendo atividades de formação e em execução no momento da pesquisa.

No quadro que surge dessa análise podemos identificar que a maior parte das ações que se estruturou para esse público juvenil que ultrapassa os 18 anos (indo, portanto, além da adolescência) é mesmo bastante recente, tendo sido iniciada após o ano 2000, e tem como preocupação central o oferecimento de uma formação que ajude os jovens a realizarem sua inserção social, incluindo uma preocupação central com a inserção no mundo do trabalho: segundo o levantamento, voltados principalmente para os jovens em situação de pobreza ou exclusão social, a quase totalidade dos programas realizam ações que desenvolvem competências e habilidades para o mercado de trabalho.

Embora muitas características sejam avaliadas, incidindo sobre a magnitude, o alcance e a capacidade avaliativa dos programas, a principal diferença, que estrutura como que dois campos diferenciados entre as ações, na visão dessa pesquisa, é a da perspectiva com que a atividade principal, de formação, é realizada: quase em conjuntos iguais, os programas se diferenciam pela ênfase na formação profissionalizante, mais dirigida para inserção no mercado de trabalho, ou pela formação multidimensional, mais voltada para formação integral, apostando na ampliação dos repertórios e na inserção cidadã.

Na terceira parte são analisados dados colhidos por meio de trabalho de campo com doze programas (com visitas in loco e entrevistas com os envolvidos) para detalhar e aprofundar algumas questões levantadas na análise anterior. Dessa análise emerge a identificação mais acurada do desenvolvimento de ações de um "novo tipo", assim como dos desafios para os quais essas intervenções têm ainda de desenvolver respostas.

Essas ações trazem como traços comuns a perspectiva de formação integral, mais ampla, uma formação complementar à educação escolar, que atenda às demandas de socialização e de ampliação do repertório cultural e informacional e forneça conhecimentos afinados com as novas exigências do mercado de trabalho e inovações tecnológicas. Uma diferença identificada no interior dessas ações diz respeito justamente à maneira como se encara essa diretriz de formação para o mercado de trabalho; a outra diferença é relativa à aposta no protagonismo dos jovens, e, ainda, o uso da metodologia da realização de projetos pelos jovens.

São "pontos" que marcam uma diferença de perspectiva e posicionamento, refletindo um debate muito importante sobre o modo como os jovens podem ser vistos e também sobre o papel das políticas e das ações sociais.

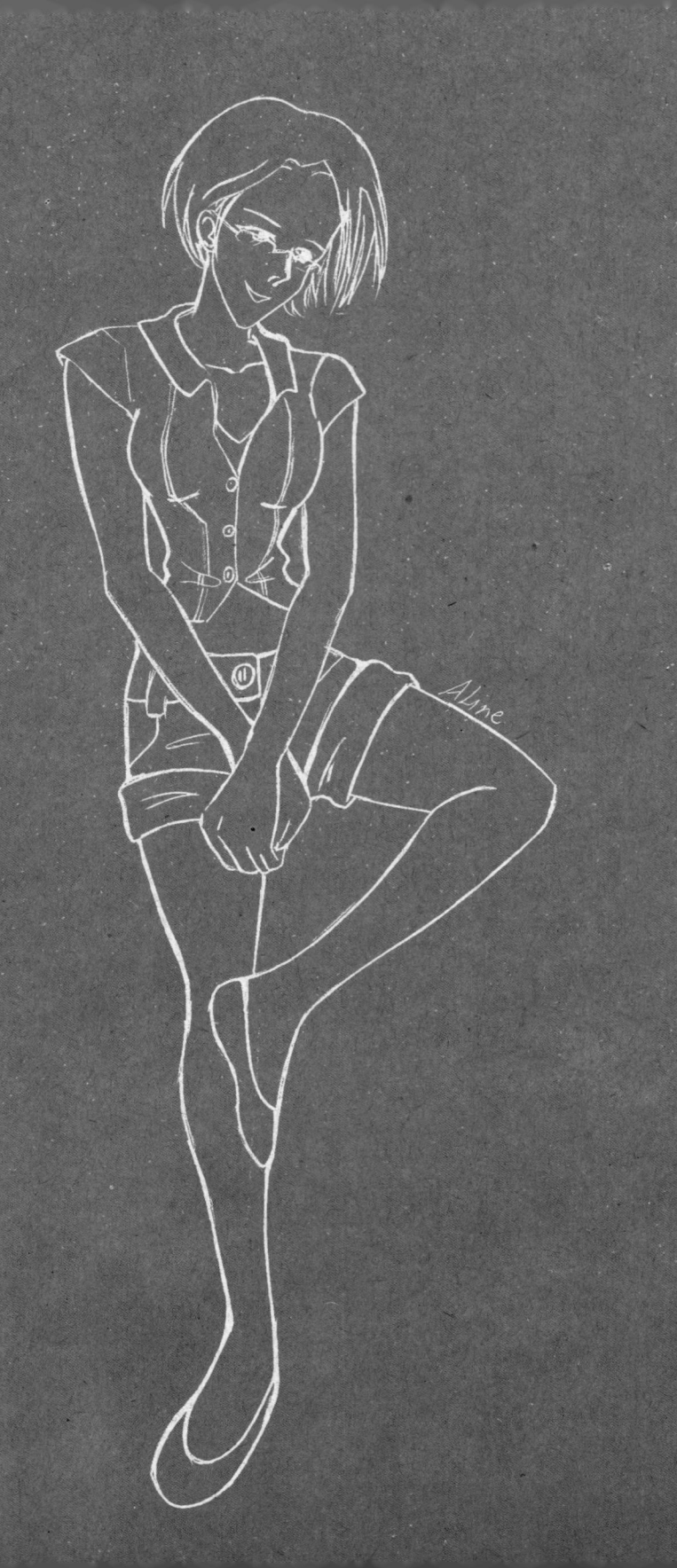

Introdução

Os projetos sociais no Brasil, disparados por iniciativa da sociedade civil e de empresas socialmente responsáveis, ganharam relevância quantitativa e qualitativa a partir da segunda metade da década de 1990, constituindo o terceiro setor.

Compondo este movimento, em 2000, a Comgás e a ONG Cidade-Escola Aprendiz formularam e implementaram o Programa Aprendiz Comgás, voltado para a formação de grupos de adolescentes dotados de uma idéia e da vontade de implementar um projeto de intervenção em suas comunidades.

Cinco anos após sua implementação, depois de realizar algumas avaliações de suas edições e publicar material de referência metodológica, definiram a realização de um levantamento do contexto juvenil no estado de sua atuação – São Paulo – e de outras iniciativas voltadas para o mesmo público. Esse levantamento tinha o objetivo de conhecer de forma mais abrangente o público jovem e as oportunidades que para ele estavam sendo geradas.

O Cenpec foi a organização que se responsabilizou por realizar esse levantamento. Para tanto, foram pesquisados as publicações atuais sobre juventude, os dados populacional e socioeducacional e os projetos e programas destinados à juventude paulista.

A seguir são apresentados os contextos juvenis, o processo investigativo e a análise dos resultados.

Contexto juvenil

Pensar os jovens hoje implica tornar relevantes seus espaços, suas idéias e suas práticas.

Implica, sobretudo, considerá-los como atores, como agentes sociais que formulam questões significativas, propõem ações relevantes e contribuem para a discussão dos problemas sociais.[1]

Vivemos ainda a "onda jovem", momento em que a juventude representa uma porcentagem considerável da população brasileira – cerca de 20%. Essa marca tem iluminado os debates e propostas sobre aquilo que podemos e devemos oferecer a esse segmento populacional e ainda o que ele tem de importante e criativo a oferecer ao mundo em que vive.

É comum a idéia de que os jovens são rebeldes, questionadores e aventuram-se a correr riscos com mais facilidade que os adultos. Podemos compreender essas características historicamente emprestadas a eles como desconforto com o estabelecido, criatividade e disponibilidade para mudanças.

Se olharmos com atenção para a juventude de hoje, veremos não apenas a crítica ao modo de vida vigente, mas a produção de soluções interessantes, com forte

---

1. Teixeira, s.d., p. 4.

acento artístico-cultural. Os grupos de jovens são inúmeros e diversos entre si, mas trazem em comum a capacidade propositiva, questionadora e reflexiva. Expressam suas críticas e seus desejos em prosa, versos, melodias, traços, cores, gestos e olhares.

Será que a juventude é mesmo um problema, como tradicionalmente tem sido acordado? Se a resposta é positiva, temos um grande problema formado por 33 milhões de cidadãos na faixa etária de 15 a 24 anos[2]. No entanto, se os vemos como pessoas cheias de idéias, questionamentos e propostas, temos um terreno fértil e vasto pela frente.

A maneira como olhamos para eles, conversamos com eles, os tocamos e os ouvimos influencia sobremaneira a expressão e a consideração de suas idéias pelo mundo adulto.

Juventude no estado de São Paulo

Em 2004, 7,2 milhões de jovens entre 15 e 24 anos estavam entre o contingente total de habitantes do estado de São Paulo, quase metade residente na região metropolitana e 1,8 milhão na capital. Isso significa 18,3% da população do estado, percentual próximo ao apresentado pela região metropolitana (18,1%) e ligeiramente superior ao da capital (17,2%). Essa proporção era maior em 1980, quando a proporção de jovens nas três abrangências territoriais situava-se no patamar de 21%. Esse fenômeno é reflexo do comportamento demográfico, verificado por meio de números absolutos que revelam um crescimento de 2 milhões de pessoas do segmento etário jovem entre 1980 e 2004 no estado, num ritmo inferior ao apresentado pela população como um todo.

Essa concentração aponta a complexidade e a grandiosidade desse segmento populacional, que certamente deve ser privilegiado em análises socioeconômicas e na decisão dos gestores de políticas governamentais e não-governamentais, naquilo que se refere à eleição de prioridades

---

2. Faixa etária adotada em 1985 pela Assembléia Geral das Nações Unidas para definir "jovem".

Tabela 1 – População total e jovem (1), por ano, segundo abrangência – Estado de São Paulo, região metropolitana e município de São Paulo 1980/2004

Abrangência	1980	1991	2000	2004
População total				
Estado de São Paulo	24.953.238	31.436.273	36.974.378	39.326.776
Região metropolitana de São Paulo	12.549.856	15.369.305	17.852.637	18.862.115
Município de São Paulo	8.475.380	9.610.659	10.426.384	10.679.760
População jovem				
Estado de São Paulo	5.292.267	5.878.897	7.164.137	7.213.729
Região metropolitana de São Paulo	2.666.166	2.891.361	3.512.836	3.408.064
Município de São Paulo	1.807.926	1.776.755	2.014.010	1.837.439
Proporção da população jovem (em %)				
Estado de São Paulo	21,2	18,7	19,4	18,3
Região metropolitana de São Paulo	21,2	18,8	19,7	18,1
Município de São Paulo	21,3	18,5	19,3	17,2

Fonte: Fundação Seade[3].
(1) População jovem: entre 15 e 24 anos.

e à alocação de recursos para o desenvolvimento de projetos de intervenção. Se comparada àquela existente em 1980, é possível verificar um incremento de aproximadamente 16 milhões de pessoas, um salto que representa impactos nas condições de vida e na estrutura dos serviços públicos concentrados nessa localidade.

Apesar da diminuição do ritmo de crescimento da população jovem, há no estado um contingente superior a 7 milhões de indivíduos nessa fase da vida[4], o que certamente atribui relevância às iniciativas e aos projetos voltados para esse segmento populacional; mais ainda se consideradas suas características e particularidades, que os tornam mais vulneráveis a situações de risco ou danos de saúde ou ao enfrentamento das dificuldades e exigências do mercado de trabalho.

---

3. Fundação Sistema Estadual de Análise de Dados.
4. Segundo dados da Fundação Seade, a população jovem que está decrescendo é a de 15 a 19 anos; o número de jovens de 20 a 24 anos vem aumentando nos últimos cinco anos no estado e na região metropolitana. Apenas no município a população de 20 a 24 também está diminuindo. Ver Anexo 4.1.

Temos, hoje, um sem-número de grupos de jovens vivendo as questões da atualidade, manifestando sua indignação e oferecendo soluções por meio da música, de intervenções positivas em suas comunidades, de manifestações artísticas em espaços públicos, nos grêmios escolares etc. É claro que há aqueles cujas ações são destrutivas, violentas, mas eles são a minoria. E é para eles que olhamos como modelo vigente de juventude, são estes os que mais aparecem, é para estes que voltamos nossa atenção temerosa, distanciada, meramente disciplinadora, de dedo em riste e, o que é o pior, generalizadora. Felizmente, esse movimento não é homogêneo e tem se tornado cada vez mais forte um movimento de parceria com os jovens, que pode agregar maturidade e criatividade, ponderação e garra, crítica e propostas.

Essa visão do potencial criativo do jovem e da necessidade de garantia de seus direitos é uma tendência que tem tomado corpo nos últimos quinze anos, impulsionada pela aprovação do Estatuto da Criança e do Adolescente.

Aspectos históricos

O Estatuto da Criança e do Adolescente, promulgado em julho de 1990, é um marco histórico no percurso do cuidado destinado a crianças e adolescentes. O ECA representa inegável avanço, trazendo em seu bojo propostas, caminhos e ações direcionados à mudança de mentalidade, à valorização da família, ao respeito à dignidade, ao importante papel da comunidade na educação das crianças e adolescentes, às responsabilidades do estado. Trata-se de um marco fundamental na história da atenção à população infanto-adolescente; saímos da "doutrina da situação irregular", em que as ações repressivas, de contenção e compensatórias eram a tônica, e assumimos um compromisso com a "doutrina da proteção integral", que reconhece crianças e adolescentes como cidadãos, sujeitos de direitos, pessoas em condições peculiares de desenvolvimento, como prioridade absoluta. É dessa premissa que nascem as propostas de educação integral, comprometidas com a inclusão, o crescimento e a conquista da autonomia.

Essa mudança na lei retrata uma tensão de forças e diferenças de concepções sobre crianças e adolescentes. Revela diferentes infâncias e adolescências. O Código de Menores, substituído pelo ECA, era destinado aos pobres, considerados potencialmente delinqüentes, desajustados, violentos e violentados e, como tais, culpados por sua situação. Daí a necessidade de discipliná-los ou, caridosamente, de provê-los naquilo que não possuíam.

Com os jovens não é diferente. Apesar de não contarem com uma lei específica[5] – o ECA destina-se àqueles com, no máximo, 18 anos –, também são divididos entre contestadores e delinqüentes, de acordo com sua classe social.

Segundo Abramo (1997), essa imagem começou a ser construída nos idos dos anos 1950, época em que jovens operários e de classe média, portanto socialmente integrados, começaram a exibir atos de delinqüência juvenil esperados apenas de alguns setores, como os marginalizados e imigrantes. Uma vez que jovens com condições de se integrar socialmente mostravam tal dificuldade, toda a juventude, como categoria e fase da vida, passou a ser vista como período potencialmente delinqüente, difícil. Seus produtos geraram reações como se fossem uma ameaça ao já estabelecido – o rock'n'roll, por exemplo, foi demonizado e lançado no rol das inconseqüências juvenis. Os questionamentos eram compreendidos

---

5. Está tramitando na Câmara dos Deputados o Estatuto da Juventude, que assegura direitos a jovens entre 15 e 29 anos. Esse Estatuto, sugerido pela Comissão Especial da Juventude, pretende regulamentar os direitos assegurados às pessoas nessa faixa etária. Define como obrigações da família, da comunidade, da sociedade e do poder público assegurar aos jovens a efetivação do direito à vida; à cidadania e à participação social e política; à liberdade, ao respeito e à dignidade; à igualdade racial e de gênero; à saúde e à sexualidade; à educação; à representação juvenil; à cultura; ao desporto e ao lazer; à profissionalização, ao trabalho e à renda; e ao meio ambiente ecologicamente equilibrado. Entre essas obrigações destacam-se: a viabilização de formas alternativas de participação, ocupação e convívio do jovem com as demais gerações; a participação desses jovens na formulação, na proposição e na avaliação de políticas sociais públicas específicas; e a destinação privilegiada de recursos públicos nas áreas relacionadas com a proteção ao jovem. A proposta do Estatuto da Juventude define ainda medidas de proteção aos jovens, políticas de atendimento e a garantia de acesso à Justiça (fonte: Agência Câmara de Notícias: www.camara.gov.br, matéria de 25/11/2004).

como possíveis desestabilizadores da sociedade, e, assim, deviam ser disciplinados. Nesse momento, as propostas educativas para essa população surgiram como formas de contenção.

Nos anos 1960 e 1970, a juventude contestadora buscava a transformação por meio de vários movimentos – estudantil, hippie, entre outros. Seu potencial transformador gerava medo da revolução e da própria impossibilidade de os jovens conseguirem se integrar à sociedade e às normas vigentes. Nessa época, a juventude explodiu enquanto categoria, no Brasil, principalmente pelo envolvimento de jovens trabalhadores e estudantes de classe média em movimentos de luta contra o regime autoritário, assim como por suas críticas e propostas de mudança de comportamentos sexuais e de consumo, entre outros. Essa efervescência, ameaçadora para uns, concentrava esperança de transformação para outros, ainda que fosse percebida como uma transformação utópica, sem vínculo consistente com a realidade.

A juventude dessa época só tornou-se exemplo de criatividade, coragem e energia quando já não tinha toda essa força e não se mobilizava com tanta veemência. Sua postura e seus questionamentos, então, tornaram-se exemplos de juventude comprometida e engajada com as questões da sociedade em que vivia. E é em comparação com essa juventude, valorizada com menos convicção em seu auge de participação, que as gerações seguintes têm sido comparadas e sempre desqualificadas.

O individualismo, o consumismo, a apatia diante de questões da vida pública tornaram-se características emprestadas à juventude dos anos 80, em oposição àquela das duas décadas anteriores. Nesse momento, a preocupação era justamente com a incapacidade de promover ou propor mudanças, com seu conformismo diante da realidade.

Nos anos 1990, permanece, na opinião pública, a caracterização de alguns fatos atribuídos à juventude da década anterior, como consumismo e individualismo, agregados a problemas de comportamento, como nos anos 1950. Os jovens estavam nas ruas, sozinhos ou em grupos, mas foram quase sempre vistos como ameaça, ligados ao desrespeito ao estabelecido, aos desvios. Jovens e violência tornaram-se sinônimos. Segundo Abramo (1997, p. 32), na interpretação corrente nos anos 1990, fruto de uma situação anômala, da falência das instituições de socialização, da profunda cisão entre integrados e excluídos, de uma cultura que estimula o hedonismo e leva a um extremo individualismo, os jovens aparecem como vítimas e promotores de uma "dissolução do social".

Essas categorizações perdem de vista a multiplicidade de características e possibilidades de inserção vividas pelos jovens, dadas suas identificações e vivências familiares, seus interesses e habilidades, sua classe social e sua etnia, seu gênero, sua escolaridade etc.

Percebida a partir de concepções preconceituosas, a juventude é vista como ameaçadora para a sociedade em geral e para o próprio jovem, o que faz ser necessário reconduzi-lo ao caminho mais adequado, do ponto de vista dos adultos. Essa visão centrada no mundo adulto deixa de lado importantes contribuições expressas pelos jovens através dos mais diferentes canais de comunicação.

Os grupos juvenis, tão numerosos[6] na última década, oferecem as mais criativas críticas, proposições e inserções sociais. Reunidos por afinidades diversas, mostram-se interessados em influir nos rumos da cultura, da educação e da política.

Expressam legitimamente suas questões, singulares e plurais. Seu potencial de participação na vida pública, organizadamente, é evidente. É necessário, no entanto, que sejam ouvidos.

Características das juventudes

Individualismo

Quando se faz referência à juventude como individualista, consumista, envolta num hedonismo assustador, provavelmente fala-se de uma sociedade com tais características e não de uma característica particular dos jovens. Esse segmento populacional traduz com intensidade desconcertante modos de vida característicos de um tempo, de uma sociedade e de uma perspectiva comum a todos que dela fazem parte.

---

6. Pesquisa realizada pelo Projeto Juventude revela que 15% dos jovens brasileiros participam de algum grupo e 54% conhecem grupos culturais em suas comunidades (VV. AA., 2004, p. 15).

Segundo Sposito (2004, p. 22), acusada de hedonismo ou pela busca incessante de viver o presente, a juventude revelada pela pesquisa do Projeto Juventude indica ter interesses em discutir educação e trabalho, temas que tanto dizem respeito à condição presente como constituem aspectos relevantes para estabelecer seu modo de inserção na vida adulta e projetos para o futuro. E para discutir tais assuntos, ainda segundo pesquisa do Projeto Juventude, a principal referência é a família, instituição tradicional e, no discurso adulto, menos importante para os jovens. Como vemos, estamos enganados em vários assuntos que dizem respeito aos jovens, e, portanto, nossas propostas podem ser equivocadas se eles não forem ouvidos. Colocando no jovem aquilo que nos incomoda, perdemos a oportunidade de propor e sustentar mudanças pelas quais também somos responsáveis.

Violência

Os jovens são reconhecidos pela maneira impulsiva, explosiva, irônica e direta de como expressam suas idéias. Seu inconformismo com o mundo é explícito e cada vez que o manifestam, tão cruamente, parece que tudo será destruído. Suas respostas imediatas e contundentes nos assustam e as propostas de ruptura nos ameaçam, estimulando a associação entre juventude e violência. Esse estigma tem sido reforçado por uma insustentável situação na qual um grande número de jovens protagoniza situações violentas, como autores e vítimas delas.

Como nos diz Soares, nas últimas décadas a violência tem atingido os jovens de maneira contundente: "(...) Como tudo no Brasil, também a vitimização letal se distribui de forma desigual: são sobretudo os jovens pobres e negros, do sexo masculino, entre 15 e 24 anos, que têm pago com a vida o preço de nossa insensatez coletiva. O problema alcançou um ponto tão grave que já há um 'déficit' de jovens do sexo masculino na estrutura demográfica brasileira. Um 'déficit' que só se verifica nas sociedades que estão em guerra. Portanto, apesar de não estarmos em guerra, experimentamos as conseqüências típicas de uma guerra. Nesse caso, uma guerra fratricida e autofágica, na qual meninos sem perspectiva e esperança, recrutados pelo tráfico de arrnas e drogas (e por outras dinâmicas criminais), matam seus irmãos, condenando-se, também eles, a uma provável morte violenta e precoce, no círculo vicioso da tragédia" (2004, p. 130-131).

Esse trágico destino, construído cotidianamente, é reflexo de uma sociedade desigual, marcada pela pobreza, pela educação deficiente, pela dificuldade de inserção no mundo do trabalho, pela impunidade, pela disseminação dos conflitos e da violência em todos os níveis relacionais, pela falta de acesso à cultura e ao lazer, enfim, pela falta de perspectivas e confiança no futuro.

Essa não é uma situação provocada pela juventude, mas ocorre em função da estrutura política, econômica e social perversa que se faz presente em nosso dia-a-dia. Os jovens são sua principal vítima, seja porque morrem em função dela, seja porque lhe são oferecidas fartas oportunidades de adesão e visibilidade como autores de atos violentos.

Juventude e violência no estado de São Paulo

Despertam preocupação os dados de mortalidade da população jovem quando revelam o coeficiente de mortalidade por causas externas. Na população masculina, o coeficiente é de 261,5 casos por 100.000 habitantes, enquanto na população feminina o indicador é de 23,7 óbitos. Além de a população jovem masculina ser proporcionalmente mais vulnerável ao risco da morte violenta em comparação com a população feminina, no mesmo ano a taxa de mortalidade por causas externas para a população total do estado foi de 79,9 casos por 100.000 habitantes, patamar consideravelmente inferior ao registrado entre os homens entre 15 e 24 anos.

Outra característica desse tipo de mortalidade é que suas causas podem ser consideradas evitáveis. Acidentes de transportes, suicídios, homicídios e as demais causas externas podem ser, se não suprimidas, ao menos minimizadas por ações, programas, projetos e políticas que, ao tratar diretamente com os jovens, por meio de campanhas educativas e atendimento psicossocial, diminuam o risco desse tipo de ocorrência.

A violência aparece como o mais importante dos fatores de dissolução social. Não porque os jovens sejam potencialmente mais violentos que os adultos, mas porque estão efetivamente morrendo e se matando numa sociedade que não aposta em seu presente e nega seu futuro, que pouco incentiva suas iniciativas, que teme suas críticas e seus questionamentos, que não os reconhece como pessoas de uma faixa etária específica, com necessidades particulares e direitos a ser garantidos.

Saúde

Uma análise da situação de saúde dos jovens deve levar em consideração as particularidades dessa fase da vida, naquilo que se refere ao adoecimento, à mortalidade, aos riscos aos quais são submetidas essas populações e, ainda, às diferenças de gênero, que se revelam bastante influentes nesse segmento etário.

Os dados das internações hospitalares realizadas pelo Sistema Único de Saúde (SUS) revelam-se como um importante indicador das condições de morbidade dos jovens no estado de São Paulo. Foram realizadas, em 2004, 399 mil internações de pessoas entre 15 e 24 anos em São Paulo por meio do SUS (ver Anexo, Tabela 4.2). Entre os jovens do sexo masculino, as principais causas de internação foram lesões, envenenamentos e outras conseqüências de causas externas (33,8% do total), doenças do aparelho digestivo e transtornos mentais e comportamentais. Quanto ao sexo feminino, as principais causas de internações foram gravidez, parto e puerpério (78,4% do total), doenças do aparelho geniturinário e do aparelho digestivo.

Essas informações são de vital importância para os gestores de políticas sociais – governamentais ou não-governamentais –, uma vez que revelam as vulnerabilidades e os riscos principais aos quais é submetida a população jovem. No caso dos jovens do sexo masculino, as internações por causas externas se devem a lesões, sejam elas provocadas por armas, envenenamentos ou acidentes – entre os acidentes, os de trânsito são os mais freqüentes e potencialmente graves. Nesse sentido, é fundamental, principalmente, a adoção de programas, projetos e políticas que diminuam o risco à exposição a situações de conflito e violência.

Tabela 2 – Taxa de mortalidade (1) por causas externas, por sexo
e grupo de idade da população jovem, segundo causa –
Estado de São Paulo – 2003

Causa	Masculino		Feminino	
	15-19	20-24	15-19	20-24
Acidentes de transporte	26,13	47,51	6,77	7,16
Outros acidentes	17,78	17,46	2,10	1,74
Suicídios	4,85	9,25	1,76	2,28
Homicídios	123,54	171,37	10,75	10,20
Outras causas externas	11,01	15,93	2,10	2,33
Causas externas (total)	**183,30**	**261,52**	**23,49**	**23,72**

Fonte: Fundação Seade.
(1) Por 100.000 habitantes.
Nota: População jovem: entre 15 e 24 anos.

Para as jovens, a alta concentração de internações relacionadas à gravidez, parto e puerpério também oferece elementos para a reflexão dos gestores de projetos, programas e políticas. Claro que nem toda gravidez nessa fase da vida é indesejada, mas a ocorrência desse fenômeno é mais comum na juventude, principalmente na adolescência. Pesquisas recentes revelam que a questão não é relacionada à falta de informações sobre concepção ou métodos contraceptivos, mas à inacessibilidade a esses métodos, à dificuldade que as jovens têm de negociar com o parceiro o uso do contraceptivo masculino ou ainda a uma característica típica da adolescência que leva a pessoa a se considerar naturalmente "invulnerável", a acreditar que apenas o "outro" está submetido a risco, sem desenvolver, comumente, uma preocupação consigo própria, entre outros elementos. Dados da Secretaria Estadual de Saúde de São Paulo apontam uma queda de 28% no número de jovens de até 20 anos que engravidaram entre os anos de 1998 e 2004. Em 1998, houve um registro de 148.019 jovens grávidas, número que caiu para 106.737 em 2004. Ainda assim, mesmo que os índices tenham diminuído, trata-se de uma questão importante, haja vista o número ainda alto de mulheres jovens que engravidam atualmente e sofrem o efeito disso no que se refere à sua saúde e à qualidade de vida de forma geral.

Trabalho

No Brasil, é recente a preocupação dos órgãos governamentais com a juventude, mas é tradicional a expectativa e a proposição da formação para o trabalho como forma de inserção social saudável. Essa concepção encontrava suporte no primeiro Código de Menores, que vigorou de 1927 a 1970, baseado na moralização do indivíduo e na manutenção da ordem social, propondo para sua concretização a criação de mecanismos que protegessem a criança dos perigos que a desviassem do caminho do trabalho e da ordem (Cruz, Moreira e Sucena, 2001, p. 57; cf. Unesco, 2004, p. 83).

A profissionalização foi um recurso amplamente utilizado pelas instituições até que houvesse um colapso no mercado de trabalho, inviabilizando tais iniciativas. Dados da Pnad[7] de 1993 confirmam essa observação, mostrando que 86% da população começavam a trabalhar antes dos 18 anos àquela época. Segundo pesquisa do Dieese[8] de 1996, 48% dos trabalhadores iniciavam sua vida profissional entre 10 e 14 anos. Investia-se na inserção precoce de adolescentes e jovens no mercado de trabalho, justificada pela precária condição econômica de suas famílias, mas também como estratégia para evitar a ociosidade, o envolvimento com más companhias, a indisciplina, a irresponsabilidade, em suma, o risco da desintegração social. De outra forma, as questões econômicas poderiam ser resolvidas com mais empregos e melhores salários para os pais desses trabalhadores juvenis (Martins, 1997, p. 104-106).

Juventude e trabalho no estado de São Paulo

A Tabela 3 apresenta dados para a série completa da PED – Pesquisa de Emprego e Desemprego (Seade/Dieese) –, compreendida entre 1985 e 2004. Seus dados revelam que o desemprego dos jovens entre 15 e 17

---

7. Pesquisa Nacional por Amostra de Domicílios.
8. Departamento Intersindical de Estatística e Estudos Socioeconômicos.

anos e entre 18 e 24 anos encontra-se em trajetória ascendente ao longo do período em evidência, alcançando patamares de 53,5% (15 a 17 anos) e 29,2% (18 a 24 anos) de desempregados em 2004, em comparação a uma taxa de 18,7% da população total. Ou seja, o desemprego é mais agudo na população jovem que para a totalidade dos moradores da região metropolitana.

Tabela 3 – taxa de desemprego total e na população jovem (1), por ano, segundo faixa etária – Região metropolitana de São Paulo – 1985-2004

Ano	Total	15 a 17 anos	18 a 24 anos
1985	12,2	29,6	16,0
1986	9,6	24,5	12,5
1987	9,2	21,5	12,7
1988	9,7	24,7	12,9
1989	8,7	21,9	11,9
1990	10,3	25,1	14,4
1991	11,7	26,0	16,0
1992	15,2	36,7	20,8
1993	14,6	38,1	20,1
1994	14,2	38,0	20,1
1995	13,2	32,7	19,1
1996	15,1	38,7	21,0
1997	16,0	40,8	22,4
1998	18,2	46,7	25,7
1999	19,3	48,7	27,5
2000	17,6	46,5	25,3
2001	17,6	47,0	25,2
2002	19,0	51,5	28,3
2003	19,9	51,8	30,1
2004	18,7	53,5	29,2

Fonte: Convênio Seade-Dieese. Pesquisa de Emprego e Desemprego.
(1) População Jovem foi considerada entre 15 e 24 anos.
Nota: Refere-se à proporção da população que afirmou ter procurado emprego no período de referência da pesquisa, sobre a população economicamente ativa.

Essa característica marca toda a série temporal de dados apresentados na Tabela 3, o que significa que o desemprego na população jovem é tradicionalmente superior ao da população total. Os dados revelam ainda que essa situação vem se agravando, especialmente no segmento de 15 a 17 anos, fase da vida na qual o trabalho, que não deveria ser prioridade, está presente e, junto com ele, uma pressão de oferta sobre o mercado de trabalho exercida por indivíduos dessa faixa etária.

Há, ainda, um esgotamento nos postos de trabalho industriais que absorviam trabalhadores tecnicamente bem formados. Restam o subemprego, a informalidade e o desemprego. Segundo o Ministério do Trabalho e Emprego, entre 1989 e 1999, aumentou a oferta de postos de trabalho para os maiores de 30 anos e diminuiu para os jovens, o que sugere a exigência de experiência para o ingresso no mercado. A elevação da escolaridade e a qualificação profissional básica/introdutória não são suficientes para garantir empregos numa economia estagnada, com altos índices de desemprego e competitividade, fortalecida pela relação desvantajosa entre oferta e procura por trabalho.

Também segundo o Ministério do Trabalho e Emprego, o Programa Nacional de Estímulo ao Primeiro Emprego – PNPE[9] – gerou 15.788 novos postos de trabalho para jovens, dos quais 3.764 no estado de São Paulo, o que evidencia que os resultados esperados não foram atingidos.

Nesse contexto, se por um lado há uma preocupação institucional com a preparação da juventude para o mundo do trabalho, seja como estratégia disciplinadora ou formativa, por outro, há o interesse e o movimento dos jovens na direção de pertencer a esse mundo. O trabalho, hoje, representa a possibilidade de conquistas econômicas (melhorar a renda da família), de consumo (adquirir objetos e eventos de interesse), sociais (*status* diante dos adultos e dos colegas). Trabalho, para muitos jovens, significa liberdade e autonomia para decidir sobre vários aspectos de sua vida e buscar a realização de seus desejos (Marques, 1997, p. 70-71).

---

9. O objetivo do PNPE é contribuir para a geração de oportunidades de trabalho decente para a juventude brasileira, mobilizando o governo e a sociedade para a construção conjunta de uma Política Nacional de Trabalho Decente para a Juventude. (...) Objetivos específicos: promover, replicar, articular e ampliar experiências desenvolvidas pelo Governo Federal, Estados e Municípios, pelo setor privado, pelas entidades da sociedade civil ou por ação conjunta de todos esses segmentos; gerar oportunidades de ocupação remunerada por meio do investimento em experiências e idéias inovadoras, estabelecer e fortalecer parcerias governo–sociedade para elaboração, implementação, monitoramento e avaliação conjunta de todas as ações do PNPE; estabelecimento de mecanismo permanente de consultas entre o governo e a sociedade, por meio da realização de conferências temáticas, conferências regionais e Conferência Nacional sobre Alternativas de Trabalho Decente para a Juventude (Ministério do Trabalho e Emprego: www.mte.gov.br; acesso em 6/7/2005).

Educação

Segundo Sposito e Galvão (2001/2002), a acelerada urbanização do país, a exigência de maior escolaridade para o mercado de trabalho e a afirmação, em textos legais, da educação escolar como um direito de crianças e jovens, decorrente do novo desenho institucional provocado pela transição democrática, são elementos que integram a configuração sociopolítica que pressionou a escola a abrir-se para um público para quem até então era uma realidade distante.

No que diz respeito ao acesso à escola, mecanismos para inibir a evasão e a reprovação, além da abolição dos exames de ingresso, vêm sendo colocados em prática com algum sucesso, do ponto de vista do número de jovens atingidos. No que se refere ao ensino médio, havia no estado de São Paulo, em 2002, um número superior a 2 milhões de matrículas iniciais (Tabela 4). Esse número se refere à quantidade de alunos matriculados, com freqüência efetiva no estabelecimento de ensino, trinta dias após o início do ano letivo, demonstrando a dimensão do aparelho formador no estado de São Paulo, principalmente mantido pela rede pública, que responde por 87,0% desses serviços. Nessa rede, a parcela mais significativa de matrículas foi realizada na rede estadual (86,0%).

No bojo desse movimento de ampliação do acesso à escola, o analfabetismo, variável mais utilizada para medir a escolaridade da população, não é a principal dificuldade enfrentada atualmente pelos gestores de projetos e políticas sociais no estado de São Paulo, uma vez que ele decresceu em ritmo considerável entre 1991 e 2001. No primeiro ano, 10,2% da população de mais de 15 anos do estado eram analfabetos, segundo resultados do Censo Demográfico realizado pelo IBGE, percentual reduzido para 6,6% no início dos anos 2000 (ver Anexo, Tabela 4.3). Percentuais ainda inferiores foram registrados na região metropolitana de São Paulo (5,6%) e na capital (4,9%). Quando alcança esses patamares reduzidos, o analfabetismo é tradicionalmente associado às populações idosas, que não freqüentaram o ensino formal nem tiveram acesso à alfabetização por meio de iniciativas não-governamentais.

Tabela 4 – matrícula inicial no ensino médio, por ano, segundo
rede mantenedora – Estado de São Paulo – 2000/2002

Rede mantenedora	2000		2002	
	nº abs.	%	nº abs.	%
Total	2.079.141	100,00	2.065.270	100,00
Total Pública	1.798.298	86,49	1.796.009	86,96
Estadual	1.774.296	85,34	1.776.566	86,02
Municipal	20.896	1,15	17.446	0,94
Particular	280.843	13,51	269.261	13,04

Fonte: Fundação IBGE. Censo Demográfico 2000; Ministério da Educação – MEC/ Ministério da Educação – MEC/Instituto Nacional de Estudos e Pesquisas Educacionais – Inep; Fundação Seade.

Acompanhando a redução das taxas de analfabetismo, também as taxas de analfabetismo funcional – população com menos de 4 anos de escolaridade – vêm caindo nos últimos anos, com diferenças significativas entre homens e mulheres. Entre 1991 e 2000, o analfabetismo funcional no Brasil caiu de 30,1% para 18,5% para os homens de 15 a 24 anos, e de 23,3% para 12,8% para as mulheres na mesma faixa etária (IBGE, Censos Demográficos 1991 e 2000; cf. Sposito, 2003, p. 15).

Entretanto, ainda no que se refere ao acesso à escola, segundo documento do Projeto Juventude, o Brasil tem hoje 16,2 milhões de estudantes na faixa etária dos 15 aos 24 anos, o que equivale a menos da metade da população juvenil total. Entre os adolescentes de 15 a 17 anos, é maior a proporção de estudantes (83% deles estão na escola), embora metade (52,4%) ainda esteja matriculada no ensino fundamental, e apenas 46,4% no ensino médio (...) Ou seja, mesmo tendo crescido muito nos últimos anos o número de matrículas no ensino médio, a estrutura existente ainda é insuficiente para responder à demanda potencial (Projeto Juventude, 2004, p. 25).

Postos esses elementos sobre as condições de oferta educacional para jovens, faz-se necessário lançar um olhar mais atento às efetivas possibilidades de escolarização, que requer condições de ensino e aprendizagem ainda não garantidas. Além da oferta insuficiente de acesso à escola, os recursos destinados à educação e o investimento na formação dos professores não acompanharam o aumento das matrículas. Em pesquisa sobre o analfabetismo funcional realizada em 2003 (Ação Educativa e Instituto Paulo Montenegro), entre os jovens de 15 a 24 anos entrevistados, apenas 47% apresentaram domínio pleno de habilidades ligadas à leitura e 35% apresentaram um nível básico de alfabetização, conseguindo localizar informações em textos curtos (Sposito, 2003). Assim, a qualidade da permanência na escola pode ser questionada quando constatamos as dificuldades de leitura – para citar apenas um exemplo – que assolam os jovens do país.

No caso da qualidade da educação, é certo que existem diferenças entre as redes pública e particular de ensino. O resultado disso pode ser verificado nas diferentes taxas de evasão do ensino nessas redes, indicador que revela a porcentagem de alunos que abandonaram a escola antes da avaliação final ou que não preencheram os requisitos mínimos em freqüência previstos em legislação, em relação ao total de alunos matriculados no fim do ano letivo. A taxa de evasão geral no ensino médio do estado de São Paulo foi, em 2000, de 10,4%. Os índices são bastante discrepantes entre a rede pública (evasão de 11,8%) e a particular (apenas 1,5%), e a responsabilidade não pode ser atribuída exclusivamente à qualidade do ensino oferecido, mas também às condições gerais da oferta de serviços à população.

Assim, o jovem no período atual ocupa um cenário no qual a universalização do ensino fundamental e sua crescente participação no ensino médio, com significativas lacunas no que se refere à sua qualidade, evidenciam nova realidade a se refletir e criam novos requisitos.

No campo dessas novas reflexões está o fato de que, apesar de seus limites, a escola conta com uma legitimidade conferida pelos jovens, que a têm como referência importante em suas vidas. Segundo jovens alunos do ensino médio ouvidos pela pesquisa "Perfil da Juventude Brasileira" (Sposito, 2005), a escola oferece-lhes, ainda, algumas possibilidades além da transmissão do conhecimento acadêmico: 74% consideram-na importante para a compreensão da realidade e 66% valorizam a possibilidade de fazer amigos. Temos aqui retratada a abrangência de ação da escola na atualidade para muito além dos conteúdos acadêmicos.

Apesar disso, infelizmente esses sentidos da escola para o jovem têm sido pouco aproveitados e, em alguns casos, desvalorizados, como um desvio de função da educação. Em pesquisa realizada pela Faculdade de Educação da

USP como parte do projeto "A gestão da diversidade e da violência na escola", fica evidente a importância instrumental da escola para que o jovem encontre emprego ou passe no vestibular. Estudar representa uma promessa de futuro, infelizmente sem sentido no presente, o que compromete o aproveitamento acadêmico e o uso cuidadoso do espaço escolar (Sposito é Galvão, 2001/2002, p. 16). A relação da escola e do conhecimento que ela proporciona com a vida cotidiana dos jovens permanece obscura, ocultada por uma transmissão burocrática do conteúdo a ser ensinado.

Nessa chave, que é investida de uma esperança de ascensão social, como ocorre tradicionalmente, a educação se enfraquece. Dados da pesquisa "Perfil da Juventude Brasileira" mostram que o desemprego afeta sobretudo aqueles que estão cursando ou finalizaram o ensino médio, o que revela que não há uma relação direta entre elevação do nível de escolaridade e emprego (Sposito, 2004, p.17).

Nesse contexto, surpreendentemente, 74% dos jovens que participaram da pesquisa declararam que vêem a escola como importante para seu futuro profissional. Ou seja, por interesse, por estarem fora do mercado de trabalho, por almejarem integrar um hoje seleto grupo de trabalhadores, os jovens têm empenhado esforços para ingressar no ensino superior.

Dos 3,2 milhões de estudantes que terminaram o ensino médio em 2000, apenas 1,2 milhão chegou à universidade, sendo 274 mil em instituições públicas federais, estaduais e municipais. À grande maioria coube o caminho das faculdades particulares. Destes últimos, muitos são obrigados abandonar os estudos por falta de recursos para pagar as mensalidades (Projeto Juventude, 2004, p. 26).

O olhar para o jovem aluno que se forma no ensino médio, particularmente na rede pública, mostra, portanto, que há um desejo, sustentado em sentidos diversos, de não interromper seu processo de formação. Nesse sentido, é evidente a importância de projetos socioeducativos com jovens das camadas populares, atentos às demandas de socialização e ampliação de repertório cultural e informacional, à necessidade de que a formação escolar seja complementada por conhecimentos adicionais relacionados às deficiências do aparelho formador, às exigências do mercado de trabalho e às inovações tecnológicas. O significativo investimento no ensino superior por parte dos jovens expressa uma aposta na preparação para a vida como um todo e para o mundo do trabalho, em especial, aposta que requer espaços para ser aproveitada e concretizada em experiências positivas de formação.

Intervenções

É evidente que surgem e se fortalecem iniciativas comprometidas com as necessidades e os direitos da juventude, atentas à sua diversidade e às suas formas de expressão e propostas. São intervenções alinhadas com a idéia de formação/proteção integral, assim como com os Códigos da Modernidade, propostos por Bernardo Toro, que valorizam e oferecem condições para que os jovens desenvolvam habilidades importantes, como comunicação, capacidade de resolução de problemas, mediação de conflitos, compromisso com sua comunidade. A cidadania toma um posto privilegiado como indispensável à integração social, sem amarras, tutelas e censuras, mas propondo a articulação de projetos individuais e coletivos que tenham como pressuposto a participação efetiva na vida pública.

Hoje, a inserção no mundo, sobretudo no mundo do trabalho, está pautada no conhecimento. Vivemos a transição da sociedade industrial para a sociedade do conhecimento, o que coloca a educação em lugar de destaque. Segundo Pochmann, "isso aparece justamente porque a fase de transição da economia tradicional para uma nova economia estaria a exigir uma educação geral ampliada e formação continuada ao longo do ciclo de vida ativa das classes trabalhadoras, como forma de alcançar a transdisciplinaridade do conhecimento e possibilitar a contínua transferência tecnológica, numa sincronia direta entre o sistema educacional e o mundo do trabalho" (2004, p. 224).

As exigências da sociedade do conhecimento, absolutamente tomada pelas tecnologias, são diferentes das tradicionais. Não bastam aprendizagens específicas. É preciso entender as engrenagens da técnica, saber onde encontrá-la, como desenvolvê-la e usá-la adequadamente. A aplicação repetitiva e localizada deu lugar a uma inserção contextualizada e, quiçá, criativa.

Nesse contexto, coloca-se como desafio para os projetos e programas lançar ao jovem um olhar que inclua sua condição de sujeito de direitos para que possam ser construídas formas de lidar com as questões da atualidade, como o ingresso no mundo do trabalho, a geração de renda, a formação e a proteção integral, o compromisso social etc.

As habilidades importantes para o mundo atual incluem, mais que o conhecimento estrito, atitudes (aprender a ser), convivência (aprender a conviver), curiosidade, pesquisa (aprender a conhecer), prática (aprender a fazer)[10], aprendizagens constantes.

Nessa perspectiva, o educador colombiano Bernardo Toro fala-nos dos Códigos da Modernidade como habilidades imprescindíveis num processo de formação que procure responder aos desafios da atualidade.

Vivendo numa sociedade letrada, o domínio da leitura e da escrita é essencial. É preciso saber mais que juntar letras, ler palavras, números e imagens; interpretá-los e contextualizá-los são habilidades básicas.

A análise das questões com as quais nos deparamos no dia-a-dia, das mais simples às mais complexas, merece atenção especial. As decisões pedem olhares mais específicos, multifacetados e contextualizados; portanto, não podemos prescindir da capacidade de fazer cálculos e de resolver problemas de todas as ordens, desde os matemáticos até os relacionais, e da capacidade de analisar, sintetizar e interpretar dados, fatos e situações para expressar pensamentos/opiniões.

A capacidade de compreender e atuar em seu entorno social, considerando a si próprio, a comunidade a que pertence, os fatos relevantes para os grupos sociais, as diferenças e as leis estabelecidas é um requisito inquestionável, pois está diretamente relacionada à construção da sociedade que queremos. Assim, transformar problemas em oportunidades, defender interesses individuais e coletivos, negociar e compor com as diferenças, contemplar, admirar e agir, tolerar são habilidades sem as quais nossa inserção no mundo fica seriamente prejudicada.

---

10. Esses são os quatro pilares da educação propostos pela Unesco, órgão ligado à ONU (Organização das Nações Unidas) para questões de educação. Eles estão descritos no Relatório Jacques Delors, produto do trabalho de uma comissão formada por quatorze pessoas de várias partes do mundo para pensar em novas perspectivas de educação no século XXI.

A comunicação produz e dissemina saberes, encurta distâncias, promove o contato entre diferentes, permeia todas as nossas relações. No entanto, é preciso receber criticamente os meios de comunicação, aprendendo a entendê-los e usá-los com consciência de seus recursos, seu alcance e suas linguagens, sem se deixar manipular e sem desconsiderar os interesses que representam. A comunicação nos permite ler o mundo e não podemos esquecer de suas entrelinhas.

As informações nem sempre nos chegam facilmente. Temos que desenvolver a capacidade de localizar, acessar e usar melhor a informação acumulada, consultando os mais variados centros de informação, como bibliotecas, videotecas, bancos de dados, redes eletrônicas, relacionando-os com as necessidades específicas de conhecimento, sistematizando e coletivizando os resultados. Como a produção de conhecimento é veloz e a cada dia surgem novidades, sem o domínio da capacidade de pesquisar rapidamente nos tornamos obsoletos.

Finalmente, todas as habilidades descritas estão inseridas num mundo em que a convivência é constante. Portanto, a capacidade de planejar, trabalhar e decidir em grupo torna-se um elo entre todas as outras. Ela implica participação, negociação e produção coletiva.

É essa formação plural, flexível e contextualizada o grande desafio da educação e do mundo do trabalho. Trata-se de um movimento mundial que privilegia a autonomia, a iniciativa, a comunicabilidade e o compromisso com o coletivo.

Tendo como pano de fundo esse movimento, procuramos levantar questões e destacar caminhos que fortalecessem uma visão de juventude considerada em seu contexto e em sua diversidade, atribuindo-lhe responsabilidades, reconhecendo suas contribuições, integrando sua participação e defendendo seus direitos. Procuramos traçar um panorama, sem, no entanto, esgotar a discussão acerca da condição do jovem na atualidade. Assumidos os elementos aqui destacados como ponto de partida, propusemos-nos a conhecer projetos e programas no estado de São Paulo voltados para a população jovem, com o objetivo de configurar uma caracterização dessas intervenções.

Processo investigativo e análise dos resultados

O levantamento e a análise do contexto dos projetos e programas sociais com jovens no estado de São Paulo tiveram como objetivo conhecer as intervenções socioeducativas[11] voltadas para esse público. Ao considerar a pluralidade de estratégias e a diversidade das ações, pretendeu-se dar abrangência às questões e aos desafios apresentados por um processo de avaliação e, ao mesmo tempo, por meio desse esforço analítico, permitir a configuração de um contexto que identificasse as atuais escolhas das ações junto ao público jovem.

A partir do desenho das ações de formação e acompanhamento pós-formação desenvolvidas, destacam-se os seguintes aspectos para o levantamento das informações sobre os projetos e programas investigados:

- localidade e abrangência;
- período de início;

11. Estamos considerando ações socioeducativas aquelas que têm como objetivo o desenvolvimento integral de crianças e jovens, voltadas para a ampliação do repertório cultural, da sociabilidade, dos conhecimentos, dos valores, das habilidades e das competências exigidos na vida cotidiana e na formação para o exercício da cidadania (fonte: Regulamento do Prêmio Itaú-Unicef 2005).

- foco de ação;
- período de duração da formação;
- carga horária semanal;
- acompanhamento pós-formação;
- caracterização do projeto ou programa;
- total de jovens atendidos;
- características do público atendido;
- subsídios oferecidos;
- apoios recebidos pelo projeto ou programa.

O processo de levantamento de ações para o público jovem no estado de São Paulo desdobrou-se nas seguintes etapas:

1. Acesso a fontes secundárias e cadastramento dos projetos no banco de dados.
2. Formulação de focos analíticos para categorização dos projetos e programas.
3. Checagem de informações por meio de contato com responsáveis pelos projetos e programas enfocados.
4. Análise das informações produzidas no conjunto de projetos e programas.
5. Visita a projetos selecionados para aprofundar informações.

Apresentaremos a seguir cada uma dessas etapas, considerando então os resultados obtidos na pesquisa.

Cadastramento dos projetos

Inicialmente, com o objetivo de identificar projetos e programas[12], foi realizado um levantamento secundário de informações que utilizou

---

12. Conceituamos "projeto" como a unidade menor de ação, delimitada no espaço e no tempo, e "programa" como a unidade de ação mais complexa e de maior escala, abrangendo vários projetos voltados para o mesmo público-alvo.

como fonte instituições associadas ao Grupo de Instituições, Fundações e Empresas (Gife) e documentos publicados sobre ações com jovens.

Além dos projetos de instituições associadas ao Gife, a pesquisa utilizou como fonte de investigação, num primeiro momento, os seguintes sites e/ou documentos: Prêmio Itaú-Unicef 2003; Programa Capacitação Solidária; Levantamento Preliminar do Governo do Estado de São Paulo[13]; Instituto Camargo Correa. O resultado dessa pesquisa revelou-se insuficiente para conhecer as especificidades das ações. Optou-se, então, pelo contato direto (ligação telefônica) com os responsáveis pelos projetos, para obter maiores detalhes sobre as ações e, então, realizar a inserção de registros.

As informações geradas pelo mapeamento foram inseridas em um banco de dados, em plataforma Access, de forma a permitir a padronização nos registros e a sistematização dos dados. O banco foi organizado por blocos temáticos que caracterizam cada projeto quanto a área de atuação, período de início, público atendido, foco da ação e parcerias desenvolvidas.

Formulação de focos analíticos

A partir da organização das primeiras informações sobre os projetos, optou-se por armazenar as informações tendo como eixo os projetos ou ações e não as unidades executoras. Para reorganizar a estrutura do banco de dados, foram realizadas três oficinas de trabalho sobre as diretrizes da pesquisa; como resultado desse trabalho coletivo, foi definida uma organização das informações a partir de perguntas que fossem capazes de orientar a seleção e a inserção de projetos e programas e caracterizar sua natureza.

---

13. "Políticas públicas para jovens no estado de São Paulo: programas, ações, projetos e atividades", 2004.

Verificação de informações

O universo preliminar de investigação constatou cerca de 514 ações concentradas na região metropolitana de São Paulo e escassez de ações visíveis na região norte e leste do estado. Outro apontamento mostrou a existência de poucos projetos ligados ao poder público em todas as regiões do estado.

Ao final desse processo, a equipe Cenpec reuniu as principais informações dos projetos pesquisados e elaborou tabelas e gráficos com o objetivo de caracterizar as ações investigadas. Esse material foi apresentado a representantes de instituições para uma socialização reflexiva. A realização dessa atividade contou com a participação das seguintes instituições: Fundação Abrinq, Instituto Credicard, Coordenadoria da Juventude, ligada à Secretaria de Relações e Parcerias do Município de São Paulo, Secretaria Municipal de Assistência e Desenvolvimento Social do Município de São Paulo (Smads), Programa Aprendiz Comgás e Instituto I9Ação.

A socialização reflexiva foi um momento em que os primeiros resultados das ações pesquisadas foram compartilhados com diferentes atores para o levantamento de questões, impressões, sugestões de novos cruzamentos de dados e críticas quanto à abrangência das fontes utilizadas. Uma contribuição do trabalho deste grupo foi identificar a necessidade de ampliar o universo de projetos e programas investigados.

A partir desse momento, adotou-se nova estratégia de levantamento para uma maior aproximação aos territórios ainda não compreendidos no universo da pesquisa. Foram realizados contatos com os municípios-sede das Divisões Regionais de Assistência e Desenvolvimento Social do Estado de São Paulo (Drads), que não tinham projetos inseridos no banco até o momento, e outros municípios de grande porte localizados nas regiões norte, leste e no vale do Paraíba. Esses municípios foram consultados sobre a existência de ações direcionadas aos jovens, empreendidas pelo poder público ou por instituições da sociedade civil.

Conseqüentemente, o universo de investigação foi ampliado para aproximadamente 546 ações, que, depois de submetidas aos critérios de seleção para composição da amostra da pesquisa, conforme descritos a seguir, resultaram em 99 ações que se adequaram a esses critérios, formando o universo definitivo do banco de projetos e programas para jovens no estado de São Paulo.

Processo investigativo

Em síntese, as estratégias até o fechamento do universo de projetos e programas incluiu os seguintes momentos:

- pesquisa pela internet e fontes primárias para levantamento inicial de projetos;
- oficinas de trabalho para construção de banco de dados;
- levantamento de projetos por fontes secundárias, com cadastro no banco de dados;
- socialização reflexiva;
- levantamento de projetos por fontes terciárias (Drads e municípios de grande porte); e
- fechamento do universo do banco de dados.

Foram adotados os seguintes critérios para delimitar o campo de investigação:

- estar em andamento no momento do contato feito pela pesquisa (setembro de 2004 a maio de 2005);
- eleger como público-alvo jovens de 15 a 24 anos;
- promover atividades de formação;
- atuar no estado de São Paulo.

Ressalte-se que não foram incluídos na amostra: ações de alfabetização de jovens e adultos; projetos preventivos ou campanhas; medidas socioeducativas; além de serviços específicos no campo da defesa de direitos (serviços de assistência psicossocial e jurídica) e projetos direcionados à questão da gravidez na adolescência ou à da violência doméstica. Privilegiaram-se, portanto, ações de formação com foco mais específico no desenvolvimento de habilidades e/ou competências para o exercício da cidadania nas dimensões pessoal e coletiva.

Análise das informações

Conforme observou-se anteriormente, o mapeamento analisado neste relatório abrange um universo de 99 projetos e programas. As informações sobre eles foram organizadas no banco por meio de focos analíticos: área de atuação, público atendido, atividades desenvolvidas, duração, apoio, entre outras especificidades. Para a identificação e a caracterização dessas ações, utilizaram-se variáveis e categorias descritas no documento Tutorial (ver Anexo 1). A partir da análise das informações constantes no banco para o mapeamento de projetos e programas, apresenta-se o seguinte contexto:

Localidade e abrangência

Numa análise do cômputo de projetos e programas pesquisados, verifica-se que 62,6% são sediados na capital do estado de São Paulo, 32,3%

no interior e 5,1% atuam simultaneamente na capital e no interior, conforme os dados do Gráfico 1. Esses dados evidenciam a concentração de projetos e programas voltados para os jovens na capital do estado e ao mesmo tempo revelam o enorme potencial a ser explorado no interior por organizações que desenvolvam esse tipo de iniciativa.

O estado apresenta um cenário de desconcentração econômica que provoca o desenvolvimento de pólos regionais pelo interior, como Marília, São José dos Campos, São José do Rio Preto, Ribeirão Preto, entre outros, cuja complexidade socioeconômica iguala a situação de seus jovens com aquela verificada na capital e na região metropolitana de São Paulo. Isso cria um terreno fecundo para o desenvolvimento de ações com jovens que tradicionalmente são mais realizadas na capital, como revela o Gráfico 1, e explica a dificuldade na identificação de projetos e programas no interior, especialmente na região norte do estado.

Gráfico 1 – Projetos e programas desenvolvidos com jovens, segundo localidade – Estado de São Paulo – 2005 (1)

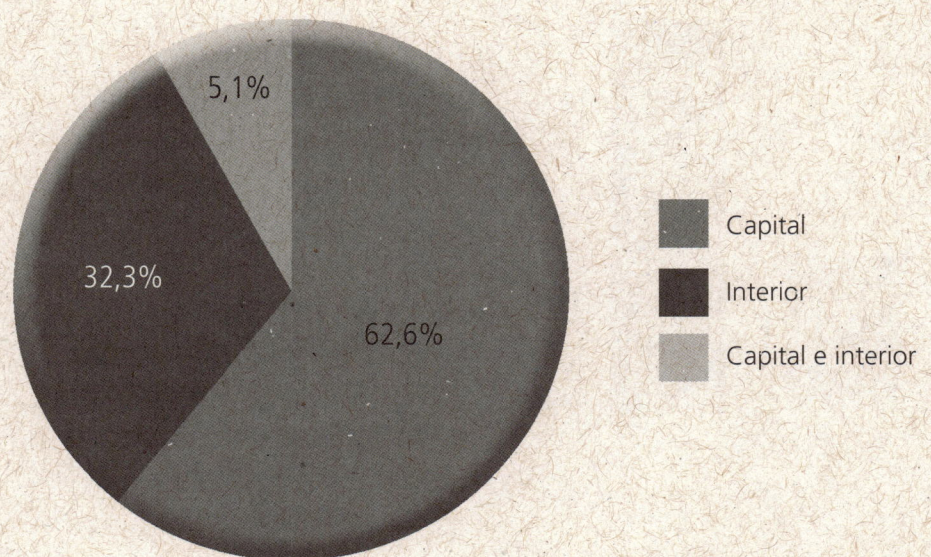

Fonte: Centro de Estudos e Pesquisas em Educação, Cultura e Ação Comunitária (Cenpec).
(1) Refere-se à amostra de 99 projetos e programas desenvolvidos com jovens.

Observando-se a abrangência[14] (território de atuação), os projetos e programas que compõem o banco distribuem-se da seguinte forma: 53,5% têm abrangência municipal (atuam em mais de uma comunidade no mesmo município), 21,2% apresentam abrangência comunitária (atuam apenas em uma comunidade dentro do município), 11,1% estadual (atuam em mais de um município dentro do estado), 10,1% regional (região metropolitana de São Paulo) e 4,1% são de abrangência nacional (Gráfico 2).

A soma das abrangências comunitária e municipal aponta que três a cada quatro iniciativas se circunscrevem unicamente a uma cidade, em uma ou mais regiões, e isso pode apontar para uma pulverização ou fragmentação excessiva de iniciativas. Sem articulação ou padronização, essas iniciativas podem padecer da falta de sintonia com os cenários regional, estadual e nacional, resultando num risco à eficácia de seus resultados, mesmo que respondam a necessidades locais.

Gráfico 2 – Projetos e programas desenvolvidos com jovens, segundo abrangência – Estado de São Paulo – 2005 (1)

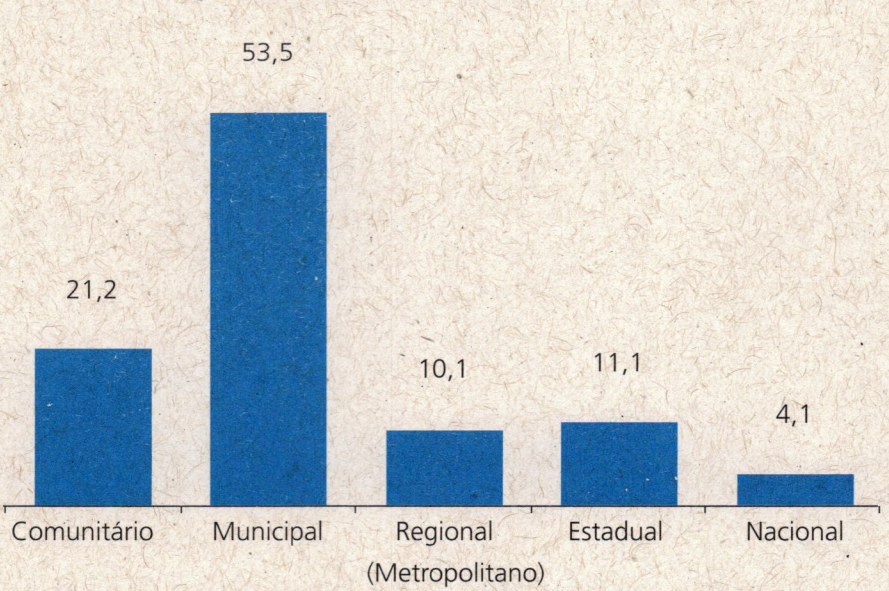

Fonte: Centro de Estudos e Pesquisas em Educação, Cultura e Ação Comunitária (Cenpec).
(1) Refere-se à amostra de 99 projetos e programas desenvolvidos com jovens.

---

14. Ver documento tutorial, Anexo 1.

Entre aqueles sediados na capital, 37,1% atuam em abrangência municipal, 32,3% em abrangência comunitária e somente 6,5% apresentam atuação em âmbito nacional.

No interior do estado, evidencia-se a abrangência municipal como uma das principais características dos projetos desenvolvidos, uma vez que 93,8% das iniciativas desenvolvidas nessa área o faziam em duas ou mais comunidades do mesmo município, conforme dados revelados na Tabela 5.

Tabela 5 – Projeto e programas desenvolvidos com jovens, por localidade, segundo abrangência – Estado de São Paulo (1) – 2005

Abrangência	Capital		Interior		Capital e Interior	
	nº abs.	%	nº abs.	%	nº abs.	%
Comunitária	20	32,3	1	3,1	–	–
Municipal	23	37,1	30	93,8	–	–
RMSP	10	16,1	–	–	–	–
Estadual	5	8,0	1	3,1	5	100,0
Nacional	4	6,5	–	–	–	–
Total	**62**	**100,0**	**32**	**100,0**	**5**	**100,0**

Fonte: Centro de Estudos e Pesquisas em Educação, Cultura e Ação Comunitária – Cenpec.
(1) Refere-se à amostra de 99 projetos e programas desenvolvidos com jovens.

É possível verificar então que os projetos e programas do interior do estado são aqueles nos quais a articulação estadual ou nacional é pouco encontrada, uma vez que sua abrangência é sempre comunitária ou municipal. Esse fato dá margem a hipóteses para investigações futuras que pesquisem os motivos e impactos da insuficiência de iniciativas que estejam em consonância com o desenvolvimento regional.

Período de início

O período de início dos projetos e programas pesquisados refere-se ao ano de início da primeira edição ou da edição única de cada iniciativa. A parcela mais significativa dos projetos iniciou-se em período que pode ser considerado recente (60,6%), situado entre os anos 2001 e 2005, enquanto 24,2% iniciaram-se entre 1996 e 2000 e somente 4% tiveram início até 1989 (Gráfico 3).

Gráfico 3 – Projetos e programas desenvolvidos com jovens, segundo período de início – Estado de São Paulo – 2005 (1)

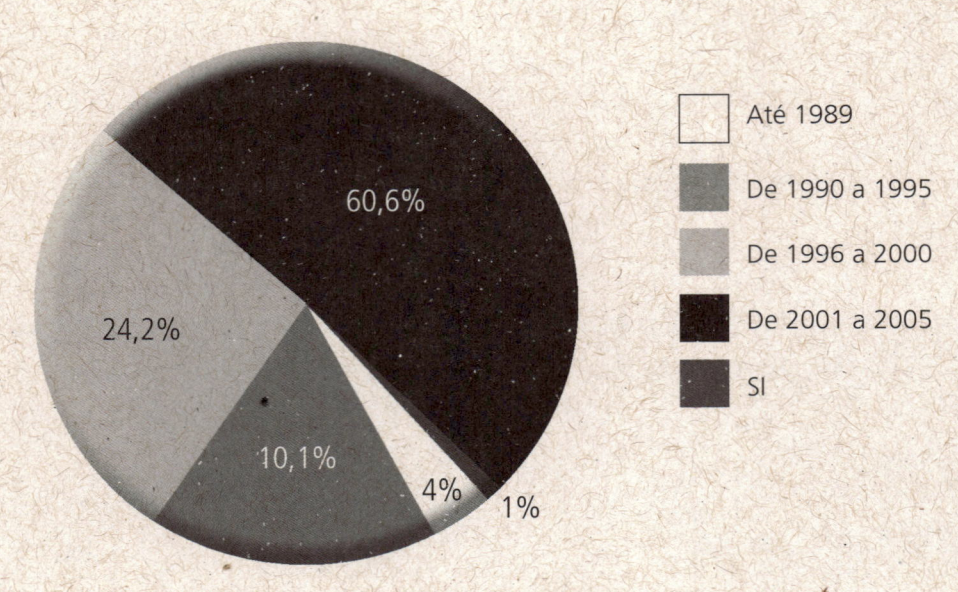

Até 1989

De 1990 a 1995

De 1996 a 2000

De 2001 a 2005

SI

Fonte: Centro de Estudos e Pesquisas em Educação, Cultura e Ação Comunitária (Cenpec).
(1) Refere-se à amostra de 99 projetos e programas desenvolvidos com jovens.

O grande número de projetos e programas em períodos mais recentes relaciona-se, de certa forma, ao fenômeno denominado pelos demógrafos "onda jovem". A concentração de jovens nas faixas etárias entre 15 e 19 anos e 20 e 24 anos, situação de grande impacto na virada do século, traduz o interesse e o desafio social e político de inserir esse contingente juvenil em um contexto de oportunidades e de acesso aos direitos.

Além do movimento demográfico, o cenário situacional dos jovens na virada do século – dificuldades para inserção no mercado de trabalho, altas taxas de desemprego, exposição à violência urbana, entre outros fatores – situou esse segmento etário no centro da agenda dos formuladores de ações sociais, projetos e programas no início do novo milênio.

Do total de projetos que tiveram início no período de 2001 a 2005, a expressiva maioria (74,0%) dedica-se a jovens na faixa etária superior a 18 anos, enquanto 46,8% deles desenvolvem atividades com jovens de até 18 anos, de acordo com as informações da Tabela 6. As ações desencadeadas podem ser direcionadas simultaneamente para mais de um segmento etário, o que ocorre com freqüência, conforme revelam os dados apontados.

Tabela 6 – Projeto e programas desenvolvidos com jovens, por localidade, segundo abrangência – Estado de São Paulo (1) – 2005

Período de Início	Até 18 anos		Mais de 18 anos		Sem Informação		Total	
	nº abs.	%	nº abs.	%	nº abs.	%	nº abs.	%
Até 1989	4	8,5	–	–	–	–	4	4,0
De 1990 a 1995	7	14,9	3	6,0	–	–	10	10,1
De 1996 a 2000	14	29,8	10	20,0	–	–	24	24,2
De 2001 a 2005	22	46,8	37	74,0	1	50,0	60	60,6
SI	–	–	–	–	1	50,0	1	1,1
Total	**47**	**100,0**	**50**	**100,0**	**2**	**100,0**	**99**	**100,0**

Fonte: Centro de Estudos e Pesquisas em Educação, Cultura e Ação Comunitária – Cenpec.
(1) Refere-se à amostra de 99 projetos e programas desenvolvidos com jovens.
Nota: Respostas múltiplas.

Foco de ação

A fim de melhor caracterizar os projetos e programas pesquisados, procurou-se classificá-los quanto ao eixo temático das atividades desenvolvidas com os jovens, o que identifica o foco da ação. Essa classificação teve como base o conceito de formação utilizado na pesquisa, que definimos como um período de tempo, determinado ou flexível, no qual são desenvolvidas atividades com foco específico no desenvolvimento de habilidades e/ou competências para o exercício da cidadania, nas dimensões pessoal e coletiva.

A partir dessa conceituação, é possível diferenciar os projetos e programas que direcionam suas ações à formação do jovem para uma ocupação específica, com conteúdos a ser ensinados, aprimorando o exercício de uma atividade profissional (foco de ação profissionalizante), daqueles com características de formação multidimensional, que põem à disposição dos jovens situações de aprendizagem com a intenção de movimentar e criar novos interesses (foco de ação não-profissionalizante).

Gráfico 4 – Projetos e programas desenvolvidos com jovens,
segundo foco da ação – Estado de São Paulo – 2005 (1)

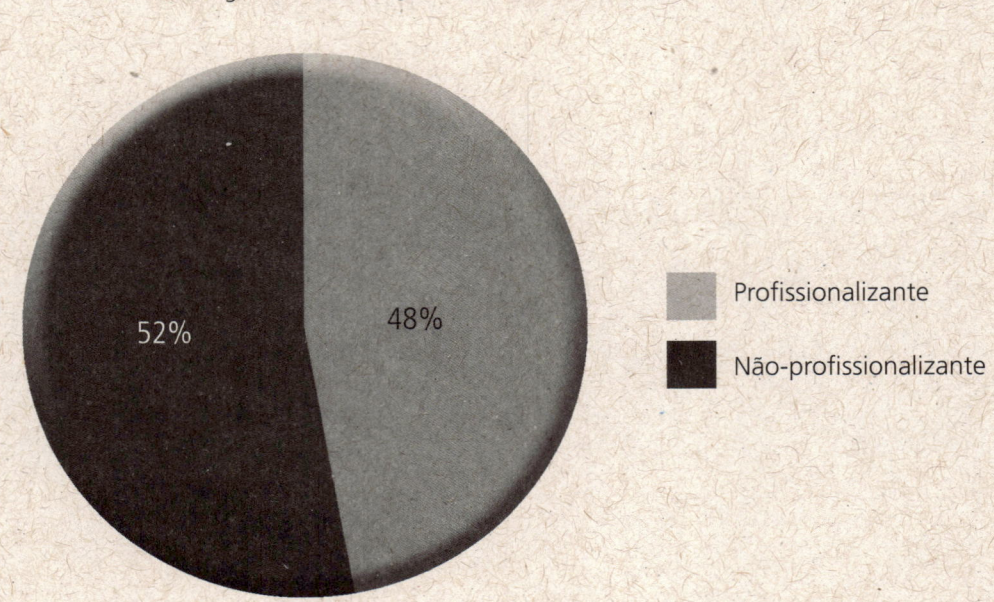

Fonte: Centro de Estudos e Pesquisas em Educação, Cultura e Ação Comunitária (Cenpec).
(1) Refere-se à amostra de 99 projetos e programas desenvolvidos com jovens.

Na análise do número total de projetos e programas pesquisados, verifica-se, como mostra o Gráfico 4, que 52% direcionam suas ações para o foco não-profissionalizante, enquanto 48% são voltados para o foco profissionalizante. Essa situação denota um equilíbrio entre os dois tipos de foco da ação, ainda que com uma leve superioridade do não-profissionalizante.

Apesar de não ser surpreendente, esse dado revela uma mudança de direção das instituições que atuam junto aos jovens, se comparada à situação de décadas anteriores, nas quais o ensino profissionalizante era o mais valorizado. Atualmente, diante das novas demandas do mundo do trabalho, das mudanças no perfil do emprego e das ocupações, além dos requisitos exigidos dos trabalhadores nesse cenário, vêm ocupando maior espaço os projetos e programas que investem na formação multidimensional dos jovens. O movimento de proporcionar aos jovens um processo de formação que objetiva a descoberta de potencialidades, a criação de oportunidades e o acesso a direitos sociais e políticos amplia o espectro de relações possíveis com o mundo do trabalho.

Uma análise dos não-profissionalizantes revela que 74% atuam na capital do estado, 22% no interior e somente 4% simultaneamente na capital e no interior. Entre os profissionalizantes, 52,1% desenvolvem suas ações na capital, 41,7% em municípios do interior e 6,2% na capital e no interior (Tabela 7).

Tabela 7 – Projetos e programas desenvolvidos com jovens, segundo foco da ação – Estado de São Paulo – 2005 (1)

Localidade	Profissionalizante		Não-profissionalizante	
	nº abs.	%	nº abs.	%
Capital	25	52,1	37	74,0
Interior	20	41,7	11	24,0
Capital e interior	3	6,2	2	4,0
Total	**48**	**100,0**	**50**	**100,0**

Fonte: Centro de Estudos e Pesquisas em Educação, Cultura e Ação Comunitária (Cenpec).
(1) Refere-se à amostra de 99 projetos e programas desenvolvidos com jovens.

Isso significa que a maioria dos projetos e programas com foco de ação não-profissionalizante se localiza na capital do estado de São Paulo, enquanto a distribuição dos projetos profissionalizantes é mais uniforme entre a capital e o interior do estado. Essa distinção permite relacionar o esgotamento da capacidade da ação dos projetos e programas profissionalizantes na capital a duas hipóteses que se entrelaçam: desemprego e habilidades exigidas para a contratação de mão-de-obra; e o potencial das metrópoles para a oferta de múltiplas e diversas oportunidades de aprendizado. Em virtude desses desafios produzidos pela metrópole, os formuladores de projetos e programas para jovens são inclinados a diversificar seu foco de intervenção para ações menos tradicionais.

Em síntese, muitas das ações desenvolvidas na capital estão mais sintonizadas com a realidade contemporânea, movimento que certamente será acompanhado pelo interior do estado, no qual a consolidação de pólos de desenvolvimento e pólos econômicos regionais aproxima a realidade de seus jovens daquela vivenciada na capital.

Período de duração da formação

O período de formação dos jovens representa o tempo de duração da ação, excluído o tempo do acompanhamento. Conforme revelam os dados do Gráfico 5, o período de formação entre 1 e 6 meses é registrado em 25,2% dos casos.

No entanto, a maior parte dos projetos e programas (47,4%) apresenta como tempo de duração da formação o período compreendido entre 7 e 12 meses. Para os períodos restantes, houve registro de 6,1% para projetos com duração entre 13 e 18 meses e 20,2% com duração superior a 18 meses.

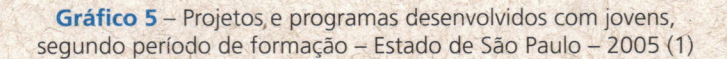

Gráfico 5 – Projetos e programas desenvolvidos com jovens, segundo período de formação – Estado de São Paulo – 2005 (1)

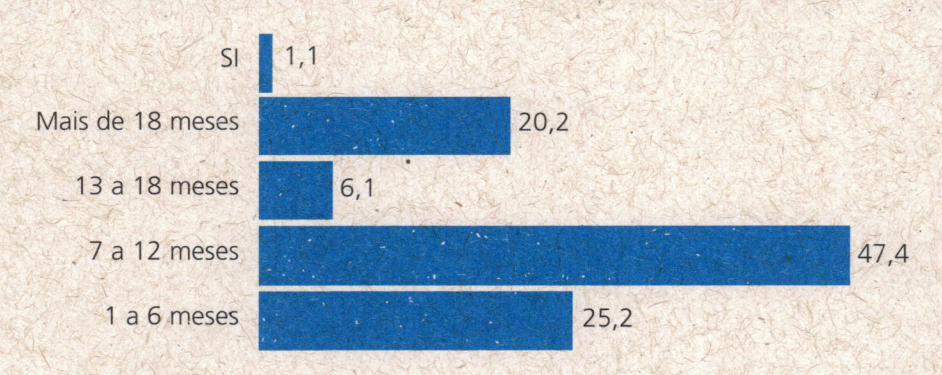

Fonte: Centro de Estudos e Pesquisas em Educação, Cultura e Ação Comunitária (Cenpec).
(1) Refere-se à amostra de 99 projetos e programas desenvolvidos com jovens.

A Tabela 8 permite que se observe o período de duração das ações conforme seu foco. A partir de sua análise é possível verificar que, nas duas modalidades, a maior parte dos projetos tem duração igual ou inferior a 12 meses.

Essa tendência é mais presente nos projetos com foco profissionalizante, que em sua maioria duram de 1 a 6 meses (35,4%) ou de 7 a 12 meses (41,7%). Situação similar ocorre naqueles com foco não-profissionalizante, que registram, respectivamente, 15,7% e 53,0% para esses períodos de duração.

Tabela 8 – Projetos e programas desenvolvidos com jovens por foco de ação, segundo duração da formação – Estado de São Paulo – 2005 (1)

Duração da formação	Profissionalizante		Não-profissionalizante	
	nº abs.	%	nº abs.	%
De 1 a 6 meses	17	35,4	8	15,7
De 7 a 12 meses	20	41,7	27	53,0
De 13 a 18 meses	2	4,2	4	7,8
Mais de 18 meses	8	16,7	12	23,5
Sem informação	1	2,0	–	–
Total	**48**	**100,0**	**51**	**100,0**

Fonte: Centro de Estudos e Pesquisas em Educação, Cultura e Ação Comunitária (Cenpec).
(1) Refere-se à amostra de 99 projetos e programas desenvolvidos com jovens.

Assim, as informações contidas na Tabela 8 apontam que os jovens passam, majoritariamente, o período de um ano sob a intervenção dos projetos ou programas, o que reforça a necessidade de avaliação de seu impacto.

Carga horária semanal

Quanto ao número de horas semanais dedicadas à formação dos jovens, 9,1% dos projetos e programas destinam até 4 horas semanais para essa finalidade, 26,3% reservam de 5 a 12 horas, 37,3% concentram de 13 a 20 horas, enquanto 19,2% contam com carga horária semanal superior a 20 horas (Gráfico 6).

Analisando a carga horária dos projetos em relação a seu foco de ação, é possível observar (Tabela 9) que os projetos e programas com foco de ação profissionalizante são os que oferecem, proporcionalmente, maior carga horária semanal, compreendida entre 20 horas (47,9%) ou mais de 20 horas (20,8%). Quanto aos não-profissionalizantes, pouco mais da metade desses projetos oferece jornada semanal de até 12 horas.

Gráfico 6 – Projetos e programas desenvolvidos com jovens,
segundo carga horária semanal – Estado de São Paulo – 2005 (1)

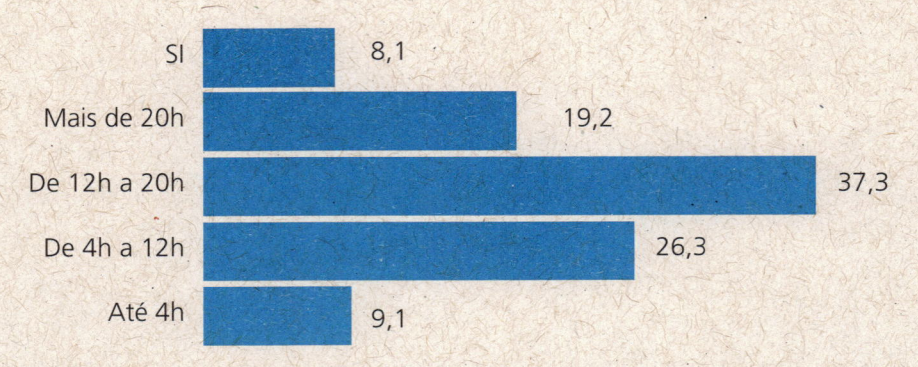

Fonte: Centro de Estudos e Pesquisas em Educação, Cultura e Ação Comunitária (Cenpec).
(1) Refere-se à amostra de 99 projetos e programas desenvolvidos com jovens.

Tabela 9 – Projetos e programas desenvolvidos com jovens por foco de ação,
segundo carga horária – Estado de São Paulo – 2005 (1)

Carga horária	Profissionalizante		Não-profissionalizante	
	nº abs.	%	nº abs.	%
Até 4h	3	6,3	6	11,8
De 5h a 12h	7	14,6	20	39,2
De 13h a 20h	23	47,9	14	27,5
Mais de 20h	10	20,8	8	15,7
Sem informação	5	10,4	3	6,0
Total	**48**	**100,0**	**51**	**100,0**

Fonte: Centro de Estudos e Pesquisas em Educação, Cultura e Ação Comunitária (Cenpec).
(1) Refere-se à amostra de 99 projetos e programas desenvolvidos com jovens.

Verifica-se então que os projetos com foco profissionalizante, em razão de suas características, exigem uma concentração maior de horas, provavelmente em função da dinâmica seqüencial exigida para apropriação dos conteúdos. A carga horária apresentada pelos não-profissionalizantes nos permite aventar duas hipóteses: a distribuição da carga horária num tempo maior de duração da formação; e a presença de períodos livres na semana, que pode estar relacionada a uma atenção às características da juventude (exercício de autonomia, interesses diversificados, outras redes de relacionamento etc.).

Acompanhamento pós-formação

O banco de dados em análise permite mensurar o acompanhamento após o término da formação do jovem, tanto em relação à implementação de projetos dos próprios jovens como para o encaminhamento para o mercado de trabalho. Aproximadamente a metade dos projetos (51%) realiza esse tipo de acompanhamento, de acordo com as informações do Gráfico 7.

Gráfico 7 – Projetos e programas desenvolvidos com jovens, segundo acompanhamento pós-formação – Estado de São Paulo – 2005 (1)

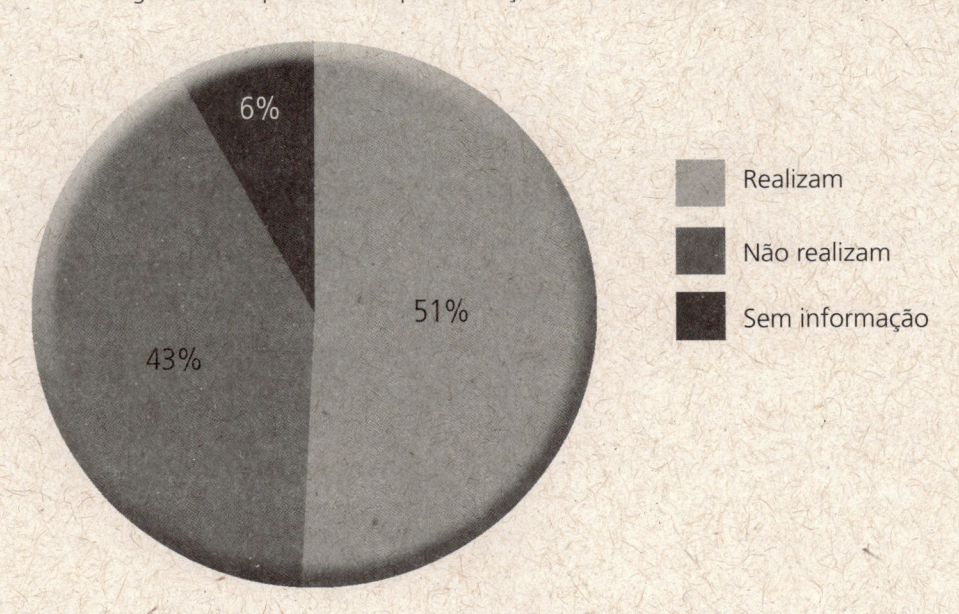

Realizam

Não realizam

Sem informação

Fonte: Centro de Estudos e Pesquisas em Educação, Cultura e Ação Comunitária (Cenpec).
(1) Refere-se à amostra de 99 projetos e programas desenvolvidos com jovens.

Entre os projetos que realizam acompanhamento pós-formação, 48% promovem encaminhamento para o mercado de trabalho (estágio remunerado), 16% realizam supervisão, avaliação dos aprendizados e/ou reuniões semanais, 14% desenvolvem atividades culturais, oficinas, capacitação na produção audiovisual, 10% apresentam acompanhamento jurídico ou de assistência social (com visita em domicílio) e 6% acompanham a implementação de projetos, a formação de cooperativas ou a multiplicação da formação. Não foram obtidas informações das atividades de acompanhamento para 6% dos projetos (Tabela 10).

Tabela 10 – Projetos e programas desenvolvidos com jovens, que realizam acompanhamento pós-formação, segundo tipo de atividade – Estado de São Paulo (1) – 2005

Atividades	Realizam	
	nº abs.	%
Encaminhamento para mercado de trabalho, vivência prática, estágio remunerado, encaminhamento para estágio em empresas privadas, acompanhamento de estágio	24	48,0
Supervisão, acompanhamento do trabalho, reuniões semanais, avaliação de aprendizados	8	16,0
Acompanhamento jurídico, assistência social com visita domiciliar	5	10,0
Implementação de projetos, formação de cooperativas, multiplicação da formação	3	6,0
Culturais, oficinas, capacitação na produção audiovisual	7	14,0
Sem informação	3	6,0
Total	50	100,0

Fonte: Centro de Estudos e Pesquisas em Educação, Cultura e Ação Comunitária (Cenpec).
(1) Refere-se à amostra de 99 projetos e programas desenvolvidos com jovens.

O acompanhamento pós-formação foi identificado de forma mais presente nos projetos e programas com foco profissionalizante, dos quais 58,3% realizam esse tipo de acompanhamento; entre aqueles com foco não-profissionalizante, 43,1% desenvolvem esse acompanhamento, conforme os dados apresentados na Tabela 11.

Tabela 11 – Projetos e programas desenvolvidos com jovens por foco de ação, segundo acompanhamento pós-formação – Estado de São Paulo – 2005 (1)

Acompanhamento pós-formação	Profissionalizante		Não-profissionalizante	
	nº abs.	%	nº abs.	%
Realizam	28	58,3	22	43,1
Não realizam	16	33,3	26	51,0
Sem informação	4	8,4	3	5,9
Total	48	100,0	51	100,0

Fonte: Centro de Estudos e Pesquisas em Educação, Cultura e Ação Comunitária (Cenpec).
(1) Refere-se à amostra de 99 projetos e programas desenvolvidos com jovens.

O acompanhamento pós-formação tem como objetivo consolidar o processo de aprendizagem do jovem promovido durante a formação.

A maior ocorrência de acompanhamento nos profissionalizantes pode estar relacionada aos contratos/acordos estabelecidos com as empresas parceiras, que permitem um bom desempenho dos jovens no trabalho e cumprem uma função de mediação com as empresas. Já para os não-profissionalizantes, embora num menor percentual, a presença do acompanhamento volta-se para fomentar os ganhos de autonomia conquistados pelos jovens.

Caracterização

Com a finalidade de conhecer os projetos e programas do banco de dados, a pesquisa procurou identificar determinadas características das ações desenvolvidas que possibilitassem, além da classificação do foco da ação, o levantamento dos objetivos das ações de formação.

De acordo com os dados do Gráfico 8, quase a totalidade (93,9%) dos projetos e programas, mesmo aqueles com foco não-profissionalizante,

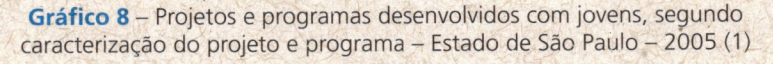

Gráfico 8 – Projetos e programas desenvolvidos com jovens, segundo caracterização do projeto e programa – Estado de São Paulo – 2005 (1)

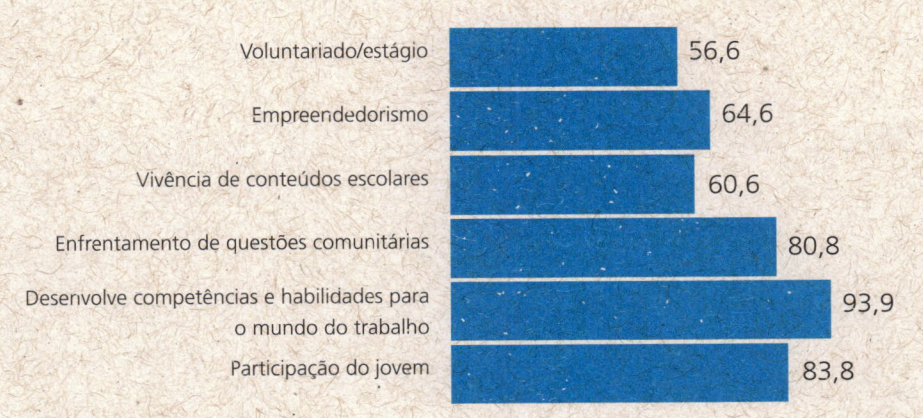

Voluntariado/estágio	56,6
Empreendedorismo	64,6
Vivência de conteúdos escolares	60,6
Enfrentamento de questões comunitárias	80,8
Desenvolve competências e habilidades para o mundo do trabalho	93,9
Participação do jovem	83,8

Fonte: Centro de Estudos e Pesquisas em Educação, Cultura e Ação Comunitária (Cenpec).
(1) Refere-se à amostra de 99 projetos e programas desenvolvidos com jovens.
Nota: Respostas múltiplas.

realiza ações com os jovens que desenvolvem competências e habilidades para o mundo do trabalho; 83,8% demonstram a preocupação de propiciar ao jovem momentos de participação nas decisões do projeto ou programa e envolvimento com a comunidade; 80,8% deles procuram preparar o jovem para o enfrentamento de questões comunitárias, por meio da implementação de projetos desenvolvidos por eles próprios ou através do conhecimento da realidade em que está inserido; 64,6% das ações preocupam-se em formar jovens empreendedores, com a possibilidade de gerar sua própria renda, por meio de cooperativas ou micro-empreendimentos consorciados; e 56,6% propõem vivências práticas em estágios ou trabalhos voluntários.

Quando se observam os objetivos dos projetos e programas e seu cruzamento com o foco de ação (Tabela 12), evidencia-se que a totalidade dos projetos e programas profissionalizantes e a maioria dos não-profissionalizantes (90,2%) se caracterizam por propiciar ao jovem o desenvolvimento de competências e habilidades para o mundo do trabalho. A análise desses objetivos possibilita diferenciar as ações entre aquelas cujo foco é a aprendizagem de habilidades e competências específicas (voltadas para a ocupação profissional – profissionalizantes) e aquelas que objetivam a empregabilidade e são direcionadas à formação multidimensional do jovem (não-profissionalizantes).

Tabela 12 – Projetos e programas desenvolvidos com jovens por foco de ação, segundo caracterização do projeto e programa – Estado de São Paulo – 2005 (1)

Caracterização do projeto	Profissionalizante		Não-profissionalizante	
	nº abs.	%	nº abs.	%
Desenvolver habilidades e competências para o mundo do trabalho	48	100,0	46	90,2
Proporcionar a participação do jovem	38	79,2	46	90,2
Fomentar o enfrentamento de questões comunitárias	35	72,9	46	90,2
Propiciar a vivência de conteúdos escolares	32	66,7	28	54,9
Desenvolver o empreendedorismo	37	77,1	27	52,9
Promover o voluntariado/estágio	31	64,6	25	49,0

Fonte: Centro de Estudos e Pesquisas em Educação, Cultura e Ação Comunitária (Cenpec).
(1) Refere-se à amostra de 99 projetos e programas desenvolvidos com jovens.
Nota: Respostas múltiplas.

Considerando o grupo de profissionalizantes, observa-se uma abrangência de objetivos num conjunto significativo de projetos e programas (64,6% a 79,2%), enquanto no grupo de não-profissionalizantes 90,2% deles valorizam três objetivos: desenvolver habilidades e competências para o mundo do trabalho; proporcionar a participação do jovem; fomentar o enfrentamento de questões comunitárias (Tabela 12)

Total de jovens atendidos

Conforme se verifica no Gráfico 9, no cômputo total de projetos e programas pesquisados, 39,4% atendem até 50 jovens; parcela menor, 18,2%, atende entre 51 e 150; 15,2% atendem entre 151 e 300 jovens; 14,1% são voltados para a faixa entre 301 a 500 jovens; e, por fim, 13,1% atendem mais de 500 jovens. Essa distribuição pode ser considerada uniforme, exceto na faixa de até 50 jovens, que concentra a parcela mais representativa de projetos e programas.

Gráfico 9 – Projetos e programas desenvolvidos com jovens, segundo número de atendidos – Estado de São Paulo – 2005 (1)

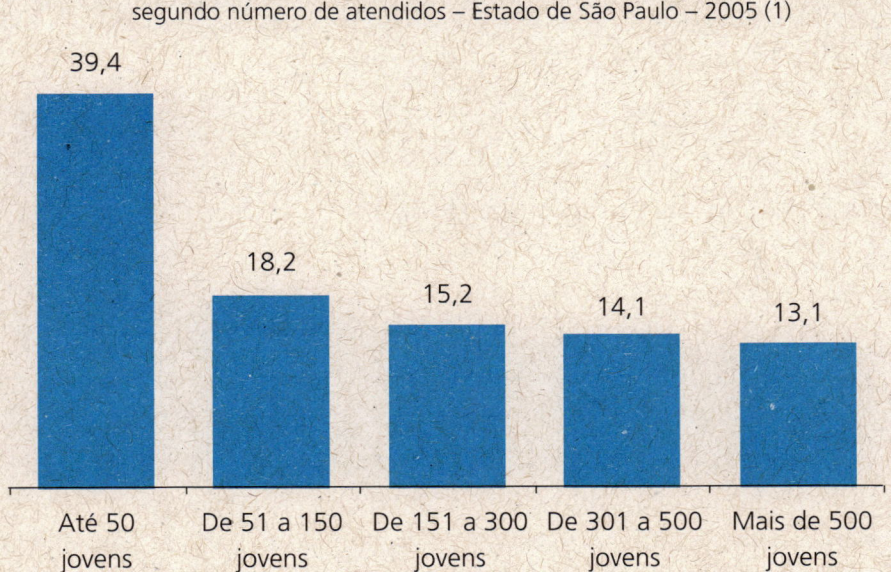

Fonte: Centro de Estudos e Pesquisas em Educação, Cultura e Ação Comunitária (Cenpec).
(1) Refere-se à amostra de 99 projetos e programas desenvolvidos com jovens.

Na Tabela 13, verifica-se que há entre os projetos e programas não-profissionalizantes uma maior concentração de ações para atendimento de até 50 jovens (43,1%), quando comparados com os que apresentam foco profissionalizante e que concentram nessa mesma faixa 35,4% de seu total. Na faixa de atendimento de mais de 500 jovens, temos a presença maior dos profissionalizantes (16,6%) em relação aos não-profissionalizantes (9,9%).

Vê-se assim que não há uma relação estreita entre o foco de ação e o número de jovens atendidos.

Tabela 13 – Projetos e programas desenvolvidos com jovens por foco de ação, segundo número de jovens atendidos – Estado de São Paulo – 2005 (1)

Número de jovens	Profissionalizante		Não-profissionalizante	
	nº abs.	%	nº abs.	%
Até 50 jovens	17	35,4	22	43,1
De 51 a 150 jovens	9	18,8	9	17,6
De 151 a 300 jovens	9	18,8	6	11,8
De 301 a 500 jovens	5	10,4	9	17,6
Mais de 500 jovens	8	16,6	5	9,9
Total	**48**	**100,0**	**51**	**100,0**

Fonte: Centro de Estudos e Pesquisas em Educação, Cultura e Ação Comunitária (Cenpec).
(1) Refere-se à amostra de 99 projetos e programas desenvolvidos com jovens.

Características do público atendido

Foi possível observar que os projetos pesquisados selecionam o público a ser atendido a partir dos seguintes critérios: baixa renda, relacionada à situação socioeconômica do jovem (82,8%); risco social, ou seja, jovens vulnerabilizados pela pobreza (47,5%); estudantes ou concluintes da Rede Pública de Ensino (54,5%); interesse do jovem em participar como critério principal, independentemente dos outros critérios (19,2%); e projetos que têm outros critérios de inserção, como privilegiar estudantes da rede de ensino privada, jovens provenientes de outros programas da mesma instituição ou jovens com alguma deficiência (12,1%).

Gráfico 10 – Projetos e programas desenvolvidos com jovens, segundo carga horária semanal – Estado de São Paulo – 2005 (1)

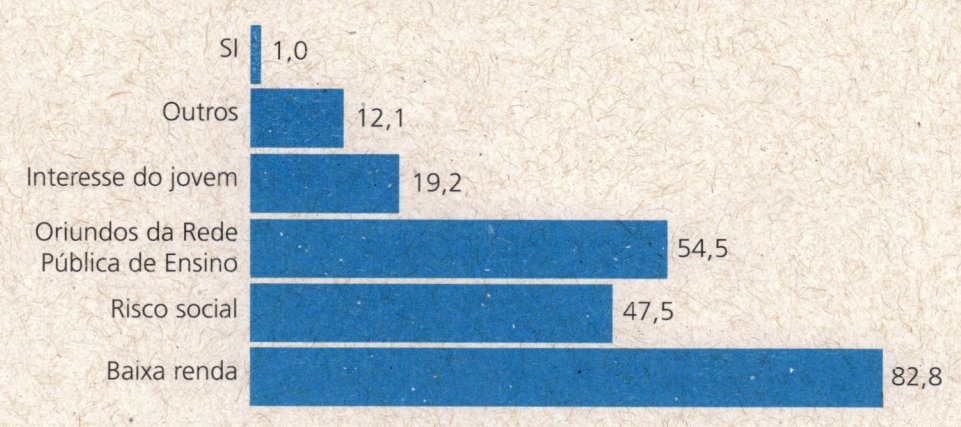

SI	1,0
Outros	12,1
Interesse do jovem	19,2
Oriundos da Rede Pública de Ensino	54,5
Risco social	47,5
Baixa renda	82,8

Fonte: Centro de Estudos e Pesquisas em Educação, Cultura e Ação Comunitária (Cenpec).
(1) Refere-se à amostra de 99 projetos e programas desenvolvidos com jovens.
Nota: Respostas múltiplas.

Tabela 14 – Projetos e programas desenvolvidos com jovens por foco de ação, segundo características do público atendido – Estado de São Paulo – 2005 (1)

Característica do público atendido	Profissionalizante		Não-profissionalizante	
	nº abs.	%	nº abs.	%
Baixa renda	40	83,3	43	84,3
Risco social	26	54,2	22	43,1
Rede pública	28	58,3	26	51,0
Interesse do jovem	8	16,7	11	21,6
Outros	7	14,6	5	9,8
Total de projetos	**48**	**100,0**	**51**	**100,0**

Fonte: Centro de Estudos e Pesquisas em Educação, Cultura e Ação Comunitária (Cenpec).
(1) Refere-se à amostra de 99 projetos e programas desenvolvidos com jovens.
Nota: Respostas múltiplas.

Ressalte-se que há projetos que utilizam dois ou mais desses critérios para a seleção dos jovens. Para a composição dessa variável, utilizou-se a classificação por meio de resposta múltipla, a qual mostrou que tanto nos projetos com foco de ação profissionalizante como naqueles com foco não-profissionalizante a principal característica do público atendido é a baixa renda (83,3% e 84,3% dos casos, respectivamente). Somados a essa característica, os critérios risco social e origem na rede pública também se mostram importantes. Dessa forma, é possível afirmar que os projetos são voltados preponderantemente para os jovens em situação de pobreza ou exclusão social.

As características mencionadas com menor intensidade são o interesse do jovem (16,7% nas ações profissionalizantes e 21,6% nas não-profissionalizantes) e outros critérios (14,6% nos projetos e programas profissionalizantes e 9,8% nos não-profissionalizantes).

A Tabela 14 torna mais evidente a opção preferencial dos projetos e programas pelos jovens em situação de pobreza ou exclusão social. Isso representa mais um desafio na avaliação de seus resultados e impactos, ou seja, saber em que medida essas iniciativas têm servido para interferir na situação de pobreza e vulnerabilidade social dos jovens atendidos ou ainda para promover a possibilidade de melhor condição de vida e perspectiva de futuro para o público atendido.

Faixa etária

O segmento etário de até 18 anos concentra 56,3% do público atendido pelos projetos com foco de ação profissionalizante. Essa tendência não foi verificada com a mesma intensidade, porém, quando o foco registrado foi o não-profissionalizante, uma vez que nesses projetos o segmento dos jovens com idade superior a 18 anos representa 58,8% do total de atendidos.

Tabela 15 – Projetos e programas desenvolvidos com jovens por foco de ação, segundo faixa etária do público atendido – Estado de São Paulo – 2005 (1)

Faixa etária	Profissionalizante		Não-profissionalizante	
	nº abs.	%	nº abs.	%
Até 18 anos	27	56,3	21	41,2
Mais de 18 anos	20	41,7	30	58,8
Sem informação	1	2,1	–	–
Total de projetos	**48**	**100,0**	**51**	**100,0**

Fonte: Centro de Estudos e Pesquisas em Educação, Cultura e Ação Comunitária (Cenpec).

(1) Refere-se à amostra de 99 projetos e programas desenvolvidos com jovens.

Nota: Respostas múltiplas.

A análise da faixa etária dos jovens atendidos mostra que os projetos e programas com foco profissionalizante se dirigem preponderantemente à faixa etária na qual o jovem deve estar cursando o ensino médio, ou seja, podem estar servindo como alternativa para o ensino profissionalizante oficial, oferecido em escolas técnicas, cuja oferta não corresponde à demanda dos jovens. Por outro lado, há evidências de que o ensino não-profissionalizante, em razão de atender preponderantemente jovens com mais de 18 anos, possa estar servindo para ocupar os jovens egressos do ensino médio e que não conseguiram ingressar numa universidade, seja por não terem conseguido uma vaga por meio do vestibular nas instituições públicas, seja por não contarem com recursos para financiar um curso particular. Tais evidências ressaltam a precariedade de ações articuladas às políticas públicas voltadas para esse segmento etário.

Subsídios oferecidos aos jovens

Quanto aos subsídios fornecidos aos jovens pelos projetos e programas, registra-se que 53,5% das iniciativas oferecem alimentação, 39,4% contam com bolsa-auxílio, 31,3% fornecem vale-transporte, 28,3% não oferecem subsídio algum, enquanto 14,1% oferecem todos os subsídios investigados (Gráfico 11).

Gráfico 11 – Projetos e programas desenvolvidos com jovens, segundo subsídios oferecidos – Estado de São Paulo – 2005 (1)

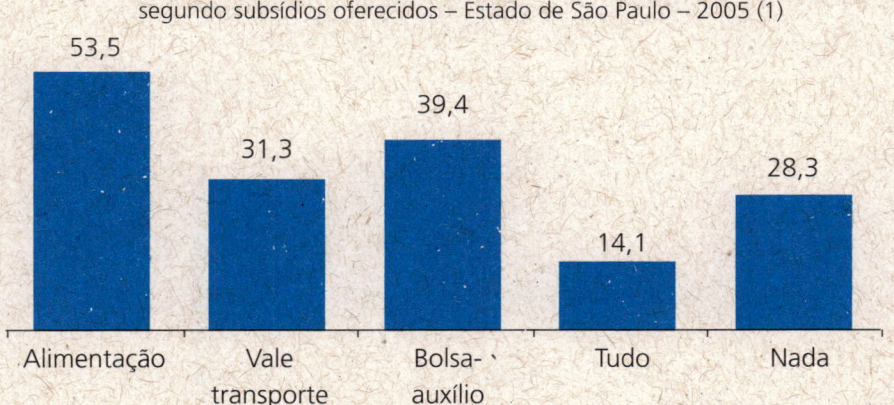

Fonte: Centro de Estudos e Pesquisas em Educação, Cultura e Ação Comunitária (Cenpec).
(1) Refere-se à amostra de 99 projetos e programas desenvolvidos com jovens.

Tabela 16 – Projetos e programas desenvolvidos com jovens por foco de ação, segundo subsídios oferecidos – Estado de São Paulo – 2005 (1)

Subsídios	Profissionalizante		Não-profissionalizante	
	nº abs.	%	nº abs.	%
Não oferece subsídios	10	20,8	18	35,3
Vale transporte	18	37,5	14	27,5
Alimentação	28	58,3	26	51,0
Bolsa-auxílio	20	41,7	17	33,3
Total de projetos	**48**	**100,0**	**51**	**100,0**

Fonte: Centro de Estudos e Pesquisas em Educação, Cultura e Ação Comunitária (Cenpec).
(1) Refere-se à amostra de 99 projetos e programas desenvolvidos com jovens.
Nota: Respostas múltiplas.

A informação do tipo de subsídio oferecido em comparação com o foco de ação (Tabela 16) aponta que nos profissionalizantes há uma maior distribuição de benefícios: alimentação (58,3%), bolsa-auxílio (41,7%) e vale-transporte (37,5%).

Entre os não-profissionalizantes, os percentuais de oferta desses subsídios são 51,0%, 33,3% e 27,5%, respectivamente.

Em síntese, observa-se que os jovens inseridos em ações profissionalizantes recebem mais benefícios que os participantes de projetos e programas não-profissionalizantes, o que pode indicar uma implicação das empresas parceiras na concessão dos benefícios para os jovens de projetos profissionalizantes. Conforme foi verificado, o público preferencial dos projetos e programas é formado por jovens de baixa renda; assim, os subsídios oferecidos têm como função garantir uma fonte de renda, mesmo que de forma efêmera. Tal entendimento, subsídio como estratégia de acesso à renda, não é ainda compartilhado pela totalidade das organizações, cuja interpretação mais comum é a de que o benefício funciona apenas como atrativo para os jovens e não se trata de um direito.

Apoio recebido pelos projetos e programas

Com a finalidade de identificar uma das principais condições para o desenvolvimento dos projetos e programas registrados, a pesquisa investigou a existência e a natureza dos apoios às organizações. Foram considerados fornecedores de apoio os agentes financiadores, executores e/ou coordenadores das ações.

Ressalte-se que um mesmo projeto ou programa pode ser apoiado por diferentes tipos de organizações, o que se expressa em apoio de diferentes naturezas (financiamento, coordenação e execução), conforme demonstram os dados da Tabela 17.

Tabela 17 – Projetos e programas desenvolvidos com jovens por foco de ação, segundo instituição apoiadora – Estado de São Paulo – 2005 (1)

Instituição apoiadora	Profissionalizante		Não-profissionalizante	
	nº abs.	%	nº abs.	%
Agências internacionais	2	4,2	2	3,9
Empresas privadas, fundações ou institutos empresariais	31	64,6	37	72,5
Escola/universidade	1	2,1	3	5,9
Governo estadual	2	4,2	1	2,0
Governo Federal	1	2,1	4	7,8
Governo municipal	17	35,4	10	19,6
ONG	35	72,9	29	56,9
Outros	1	2,1	–	–
Sistema "S"	5	10,4	1	2,0
Total de projetos	**48**	**100,0**	**51**	**100,0**

Fonte: Centro de Estudos e Pesquisas em Educação, Cultura e Ação Comunitária (Cenpec).
(1) Refere-se à amostra de 99 projetos e programas desenvolvidos com jovens.
Nota: Respostas múltiplas.

Os projetos e programas profissionalizantes e os não-profissionalizantes recebem maior apoio de organizações não-governamentais (ONGs) (72,9% e 56,9%, respectivamente) – e de empresas privadas, fundações ou instituições (72,5% não-profissionalizantes e 64,6% profissionalizantes). Parcelas de 35,4% das ações profissionalizantes e de 19,6% das não-profissionalizantes recebem apoio de governos municipais (Tabela 17). O apoio de governos estadual ou federal ocorre em escala bem menor, independentemente do foco de ação priorizado, o que pode ser explicado pela natureza de sua atribuição como coordenador de linhas de ação e financiador. Em relação ao tipo de apoio, temos: 185 financiadores, 113 coordenadores e 126 executores[15].

---

15. Cada projeto ou programa registrado na pesquisa pode apontar mais de um apoiador para coordenação, bem como para financiamento ou execução.

Verifica-se, então, que a maior quantidade de apoio oferecido aos projetos e programas é oriunda do setor não-estatal ou não-governamental, por meio de organizações do terceiro setor ou mesmo de entidades privadas tradicionais, o que revela a força dessas redes que se desenvolvem para além do aparato estatal.

Visita a projetos selecionados

Para aprofundar alguns aspectos do trabalho com jovens, foram escolhidos doze projetos a ser visitados. As visitas aos projetos, aqui representados por essa amostra, são fundamentais para conferir propósitos, processos e impactos perceptíveis a seus gestores e para garantir maior fidedignidade ao estudo realizado.

Os critérios formulados para permitir a análise comparativa foram:

- foco de ação: profissionalizante (5) e não-profissionalizante (7)
- oferta de bolsa-auxílio e acompanhamento pós-formação (12)
- localização: capital do estado (8) e outros municípios do estado de São Paulo (4).

Foi elaborado um roteiro de entrevista (Anexo 5), composto de questões de aprofundamento dos dados já coletados dos projetos e programas, tais como: objetivos, desenho e programação da formação, processos de avaliação, evasão dos jovens durante a formação e metas.

Projetos e programas visitados

Nas visitas realizadas, as informações registradas no banco de dados foram revistas, privilegiando-se as declarações dadas pelos entrevistados.

Há dois projetos – Futuro@Eu e Oficinas de Capacitação Inicial – que, pela descrição que fazem de suas atividades, seriam considerados profissionalizantes, mas como se declararam não-profissionalizantes assim foram incluídos. Em relação ao foco de ação dos projetos, apenas um deles

Profissionalizantes		
Casa do Pequeno Cidadão	Secretaria do Bem-Estar Social	Marília
Oficinas de Capacitação Profissional	Cooperativa Educacional e Assistencial Casa do Zezinho	São Paulo
Programa de Aprendizagem Profissional	Fundação Hélio Augusto de Souza	São José dos Campos
Programa Educação para o Trabalho Quixote Jovem	Associação de Apoio ao Projeto Quixote Jovem	São Paulo
Projeto Rádio Ativo	Cidade-Escola Aprendiz e Rádio 89FM	São Paulo
Não-profissionalizantes		
Programa Agente Jovem de Desenvolvimento Social e Humano	Secretaria de Assistência e Desenvolvimento do Estado	São Paulo
Programa Aprendiz Comgás	Comgás e Cidade-Escola Aprendiz	São Paulo
Oficinas de Capacitação Inicial	Associação Vinhedense de Educação (Aveha)	Vinhedo
Programa Futuro@Eu – Educação para o Trabalho	Instituto Pão de Açúcar/Senac	São Paulo
Programa Jovens Urbanos	Centro de Estudos e Pesquisas em Educação, Cultura e Ação Comunitária (Cenpec)	São Paulo
Projeto Integração	Fundação Hélio Augusto de Souza	São José dos Campos
Projeto Observatório Social	Associação Casulo	São Paulo

declarou ter foco de ação diferente do anteriormente registrado – Projeto Rádio Ativo.

A leitura das informações pretendeu captar a diversidade de experiências e estratégias de trabalho e destacar aspectos considerados mais relevantes, tendo em vista os objetivos da pesquisa. Portanto, os comentários são gerais, sobre o conjunto das entrevistas.

As informações geradas nas visitas foram sistematizadas em quadros dos projetos e programas visitados (Anexo 3), segundo os aspectos pesquisados, permitindo a realização de comparações entre essas intervenções. Apresentamos a seguir a análise de cada aspecto investigado nas visitas.

Objetivos

Observa-se que tanto nos projetos e programas com foco de ação profissionalizante como nos não-profissionalizantes a orientação para o mundo do trabalho está presente, seja como preparação para o mercado formal, seja como formação integral, numa perspectiva mais ampla. Como diferença entre os dois tipos de intervenção, chama a atenção que entre os profissionalizantes há a preocupação com a retirada do jovem das ruas; já entre os não-profissionalizantes, além da preocupação com o mundo do trabalho, aparecem também o olhar para as questões sociais, comunitárias, para a formação cultural do jovem e para a sua participação em espaços coletivos. De uma forma ou de outra, parece que o que marca a diferença entre as intervenções é a forma como se concebe o sujeito da formação, o jovem: como alguém que precisa ser ocupado, afastado dos riscos de marginalização e assistido em suas deficiências para que possa corresponder às exigências do mercado ou como alguém com potencialidades, que pode se preparar para os desafios de um mercado de trabalho cada vez mais restrito, olhando para esse mercado como parte do mundo em que vive.

Formação

Observa-se que nos projetos e programas profissionalizantes são predominantes os cursos e oficinas específicas para a área do mercado à qual se dirigem, com produtos ligados às habilidades que a formação pretende desenvolver nos jovens (programa de rádio, projeto de abertura de empresa, trabalhos de conclusão de cursos) e conteúdos escolares articulados a essas habilidades.

Nas intervenções não-profissionalizantes, é predominante a metodologia de trabalho por projetos, tendo como norte a elaboração de projetos sociais a ser executados pelos jovens ao final da formação. São realizadas atividades de integração do grupo, de investigação dos lugares onde os jovens estão sendo formados e onde moram/vão empreender ações, de ampliação de repertório cultural, de redação de projetos escritos de intervenção e, finalmente, atividades de intervenção nas comunidades.

Os desenhos da formação se organizam por etapas, seqüenciadas no tempo, de maneiras diferentes para os dois tipos de projetos e programas. Nos profissionalizantes, a estratégia de formação lembra o formato escolar, de disciplinas distribuídas ao longo da semana, aulas em salas com lousa e cadeiras enfileiradas, com grade horária e turmas grandes, de vinte a trinta jovens, freqüentemente nomeados como alunos. Nos não-profissionalizantes, a marca é o trabalho em grupos menores, de cinco ou seis jovens, reunidos por interesses em comum, que têm como referência mais de um educador e realizam atividades em função de um projeto que pretendem realizar ao final da formação.

Acompanhamento pós-formação

Nas intervenções profissionalizantes, predomina o acompanhamento dos estágios dos jovens nas empresas (como aprendizes) por intermédio de contatos telefônicos, visitas de educadores às empresas ou visitas dos jovens aos projetos. O desenho do acompanhamento segue um padrão comum entre os projetos, que encaminham os jovens para empresas conveniadas, em geral, pela Lei do Aprendiz e, assim, atuam mais como mediadores entre o jovem e a empresa.

Nas não-profissionalizantes, o acompanhamento se mostra ainda em fase de experimentação, não formalizado no desenho de todos os projetos e programas. Predomina o acompanhamento da implementação das ações dos grupos de jovens, no caso da formação para elaboração de projetos, com visitas aos locais de ação e oficinas e reuniões com educadores específicos, conforme a demanda de cada grupo. Aparece aqui uma intervenção que propõe atividades de acompanhamento com os jovens como multiplicadores da experiência que vivenciaram na formação com os educadores.

Desafios[16]

Tanto nos projetos e programas profissionalizantes como nos não-profissionalizantes aparece a preocupação com as condições da inserção dos jovens no mercado de trabalho e a precariedade de sua formação no que se refere ao uso da língua portuguesa. O destaque desses dois

16. Para detalhamento dos desafios apresentados pelos projetos e programas visitados, ver Anexo 7.

aspectos, presentes nas duas modalidades de ação com jovens, pode ser relacionado, em primeiro lugar, ao olhar comum dos projetos para o mundo do trabalho, ainda que de formas diferentes, e, em segundo, a uma exigência de habilidades de comunicação e expressão tanto nos estágios nas empresas conveniadas como em outras atividades propostas para os jovens.

Nos projetos e programas não-profissionalizantes, os demais temas que aparecem como desafios se relacionam, de um lado, ao amadurecimento do jovem, ao incremento de compromisso e responsabilidade que os projetos e programas esperam promover e, de outro, às estratégias de formação no campo da elaboração de projetos.

Nos projetos profissionalizantes, outros temas que aparecem como desafios dizem respeito às concepções de formação em jogo, revelando um movimento de busca de um olhar mais amplo para potencialidades e habilidades dos jovens, e da disseminação dos projetos em outros espaços.

Subsídios

As intervenções profissionalizantes oferecem bolsa, alimentação e transporte, nos casos em que os jovens atendidos moram em locais distantes do local das atividades. A bolsa em geral é vinculada à freqüência e é o recurso considerado mais importante, por compor o orçamento familiar dos jovens.

Entre os não-profissionalizantes, alguns dos projetos e programas não oferecem bolsa a todos os jovens (dependendo da capacidade de auto-sustentação das oficinas, das empresas conveniadas ou do vínculo do jovem com um funcionário da instituição financiadora). Nos casos em que há bolsa, em alguns deles ela é vinculada à freqüência, mas há também outras estratégias de distribuição desse subsídio, como a participação nas atividades. O transporte é oferecido aos jovens conforme o local de residência, incluído na bolsa ou além dela. A alimentação é garantida nas atividades de formação. Os jovens usam a bolsa, que é também considerada o subsídio mais importante, para o transporte para as atividades, para compor o orçamento familiar e para uso pessoal.

Em relação ao acompanhamento, há três situações: projetos e programas que não oferecem subsídios; que oferecem subsídios reduzidos em relação à formação; que mantêm os subsídios da formação. Os jovens que continuam a formação com estágio, em geral a maioria dos que concluem a formação, recebem subsídios pelas empresas conveniadas. Parte dos não-profissionalizantes está realizando as primeiras experiências de acompanhamento pós-projeto e/ou está em fase de discussão de estratégias. O acompanhamento pós-projeto parece ser uma estratégia considerada importante para sustentar as habilidades desenvolvidas na formação, ainda que menos delineado do que está nos profissionalizantes.

Saída de jovens[17]

Há saída de jovens em todos os projetos e programas profissionalizantes. Os principais motivos para a saída são a busca ou surgimento de uma oportunidade de emprego para o jovem ou a mudança de cidade de residência. Alguns projetos e programas relatam menor saída de jovens no acompanhamento em relação à formação e consideram que isso se deve ao desejo dos jovens de chegar e permanecer nas empresas. Por outro lado, também há projetos e programas que relatam uma volta dos jovens às atividades depois de terem saído para buscar emprego e se decepcionado com o mercado de trabalho. A saída no período de acompanhamento aparece mais como uma decisão das empresas baseada numa avaliação de inadequação do jovem ao perfil esperado. Alguns projetos e programas consideram que a faixa etária de maior saída é a de 15 e 16 anos, por falta de maturidade dos jovens, e outros a de 17 e 18 anos, por pressão da família para a entrada no mercado de trabalho. Um dos projetos visitados considera que o vínculo do jovem com a escola favorece sua permanência nas atividades, pois configura um momento de vida em que a prioridade ainda é a formação e não o trabalho.

---

17. Considera-se que há saída de um jovem sempre que ele, por algum motivo, não participa de todo o processo de formação.

Entre os não-profissionalizantes, também há saída de jovens em todos os projetos e programas durante as atividades de formação, mas alguns declaram uma ocorrência muito pequena, enquanto outros dizem ser maior. Os principais motivos são, como nos profissionalizantes, a busca ou surgimento de uma oportunidade de emprego ou a mudança de cidade de residência, mas também ocorre aqui o desinteresse pelas atividades dos projetos. A faixa etária de saída dos jovens considerada predominante é a de 17 e 18 anos, mas alguns projetos e programas consideram não haver uma faixa etária predominante. Aqueles que apontam saída no período de acompanhamento relatam que esta é maior do que no período de formação e associam isso à redução de subsídios nesse segundo momento e à clareza do jovem sobre seu interesse na proposta de atividades.

Avaliação

A avaliação é algo presente em todos os projetos e programas profissionalizantes visitados, considerada importante ao longo de todo o processo de formação para a maioria, ainda que não seja feita sistematicamente por todos.

Há estratégias de avaliação variadas, envolvendo também diversos atores ligados à formação dos jovens, como os próprios jovens, os educadores, os parceiros financiadores, profissionais voluntários, conselhos gestores etc. São utilizados questionários, dados quantitativos e qualitativos e reuniões, em que são considerados o desempenho do jovem nas atividades, seu compromisso, sua participação, sua satisfação em relação ao trabalho dos educadores e, no acompanhamento pós-formação, sua inserção no mercado de trabalho. O foco da avaliação nesses projetos parece estar sobre os jovens e o impacto da formação em suas condições de vida, a curto e médio prazos. Apesar de os projetos profissionalizantes terem entre seus objetivos a preocupação com a formação para a cidadania (autonomia, compromisso social), a avaliação dos resultados da formação na vida do jovem nesse campo não aparece de maneira tão clara quanto o olhar para a inserção no mundo do trabalho.

Entre os não-profissionalizantes, apenas uma das intervenções declara não realizar nenhum tipo de avaliação. Os demais projetos e programas realizam formas variadas de avaliação, entre as quais, além daquelas já mencionadas nos projetos e programas profissionalizantes, as dinâmicas de grupo, a produção de relatórios e sistematizações de experiências por jovens e educadores, o olhar para as produções dos jovens (projetos, atividades planejadas e realizadas), avaliações externas e a estratégia do "grupo-controle", em uma das experiências (Programa Jovens Urbanos). O foco dessas estratégias parece estar sobre o jovem e os efeitos da formação sobre suas habilidades, seu repertório cultural, sua capacidade de leitura de mundo e intervenção. Analogamente aos profissionalizantes, os não-profissionalizantes, apesar de terem entre seus objetivos a preocupação com a inserção do jovem no mundo do trabalho, não apresentam, na avaliação dos resultados da formação, um olhar tão claro para o mundo do trabalho na vida do jovem.

Planos

Os planos dos projetos e programas profissionalizantes passam pela ampliação da capacidade de atendimento, do espaço físico, das equipes de profissionais, da rede de parcerias e tocam em aspectos como o aperfeiçoamento da certificação oferecida aos jovens e das práticas de avaliação. A maioria desses projetos e programas já está a mais de seis anos em andamento e parece ter uma estratégia de trabalho consolidada. Em um deles, aparece a intenção de incluir como multiplicadores jovens já formados.

O movimento de ampliação não aparece com tanta força nos projetos e programas não-profissionalizantes. São apresentados planos mais relacionados à estruturação de metodologias de trabalho, à sistematização e publicação de experiências e à disseminação em outros locais ou cidades. A maioria desses projetos e programas tem quatro ou menos edições realizadas até 2005 e parecem estar revendo e planejando, a cada nova edição, suas estratégias de formação dos jovens.

Aproximações com o Programa Aprendiz Comgás

Entre os doze projetos e programas visitados, destacam-se três que apresentaram maior similaridade com o Programa Aprendiz Comgás: Programa Agente Jovem de Desenvolvimento Social e Humano; Programa Jovens Urbanos; Projeto Observatório Social. Em relação a essas três experiências, destacamos as características das ações de formação e de acompanhamento por elas desenvolvidas, apresentando, a seguir, algumas aproximações e pontos de diferenciação entre elas e o Programa Aprendiz Comgás.

Formação[18]

Com uma tônica maior na ampliação do repertório cultural e/ou com um olhar também para o mundo do trabalho, as 4 experiências têm como estratégia a elaboração de projetos, encerrando os processos de formação com propostas de intervenção dos jovens nas suas comunidades de origem.

No que se refere às escolhas comuns, as 4 experiências prevêem atividades de investigação das comunidades onde os jovens pretendem atuar e oficinas para ampliação do repertório cultural e de informações dos jovens. Além disso, 3 delas desenvolvem no início da formação um trabalho de integração do grupo de jovens. Apesar do percurso metodológico, pontos de partida e de chegada semelhantes, as 4 experiências têm formas diferentes de organização das suas atividades no tempo: o período de duração da formação varia de 6 a 23 meses e a carga horária semanal de 8 horas a 20 horas. Das 4 experiências, o Programa Aprendiz Comgás é o que tem um período de formação mais curto (6 meses do Programa Aprendiz Comgás para 12, 12 e 23 meses dos demais) e carga horária semanal igual ou menor que os outros 3 (12 horas do Programa Aprendiz Comgás para 20, 12 e 12 horas dos demais). Esse aspecto contribui para uma reflexão sobre que relação entre objetivos da formação e tempo de trabalho está sendo pensada no Programa Aprendiz Comgás.

---

18. Ver Quadro Comparativo, Anexo 6.1.

O público-alvo comum entre as 4 experiências é o de jovens entre 14 e 24 anos, de baixa renda. Duas das intervenções (Programa Jovens Urbanos e Projeto Observatório Social) trabalham com a faixa-etária acima dos 18 anos (até 24 e até 21 anos, respectivamente). Nesse aspecto, o Programa Aprendiz Comgás se aproxima do Programa Agente Jovem, escolhendo ambos a juventude adolescente como público-alvo (15 a 17 anos e 14 a 18 anos respectivamente). Aspecto de destaque nesse campo dos jovens com quem se trabalha é a escolha do Programa Aprendiz Comgás de receber jovens da rede privada de ensino e que já chegam em grupos, o que é inovador em relação às demais intervenções. No que se refere à faixa etária dos jovens atendidos, essa configuração do público-alvo do Programa Aprendiz Comgás, como aspecto inovador, também permite pôr em relevo uma reflexão sobre que efeitos a escolha desse público pode ter na formação do conjunto de jovens atendidos.

Acompanhamento pós-formação[19]

Em relação ao acompanhamento, percebe-se que essa é uma ação em fase de experimentação pelas 4 intervenções, uma vez que seu sentido e importância para a formação dos jovens estejam já sendo apropriados e amadurecidos a partir das edições já realizadas e experiências conhecidas. A formalização dessa montagem como parte do desenho dessas experiências apareceu nas entrevistas como uma possibilidade que está no horizonte, em discussão nas instituições responsáveis pelas 4 intervenções.

O acompanhamento desenvolvido ou previsto nessas experiências envolve apoio, sustentação, continuidade da formação já iniciada, que, no desenho dessas intervenções, deve estar em fase de implementação dos projetos criados e postos em movimento pelos jovens.

Três das quatro intervenções propõe uma duração de 6 meses para a realização desse acompanhamento e três também suspendem, nesse momento, todos ou alguns dos subsídios oferecidos nas atividades de formação. Apenas uma das experiências (Projeto Observatório Social)

---

19. Ver Quadro Comparativo, Anexo 6.2.

prevê a continuidade de todos os subsídios que oferece na formação. Nesse aspecto, há um diferencial do Programa Aprendiz Comgás em relação aos outros 3 no que se refere à distribuição do subsídio financeiro por grupos nessa fase de acompanhamento, contando para isso com uma organização coletiva dos jovens, e não individualmente, para cada jovem, como ocorre nas demais experiências e nas ações de formação das 4 intervenções.

Síntese

O olhar para o desenho dessas 4 experiências convida a pensar sobre os desafios e as aprendizagens já postas no campo da formação de jovens para o exercício da cidadania por meio de intervenções comunitárias.

Alguns aspectos aparecem definidos com clareza para essas 4 intervenções, como escolhas comuns de estratégias já experimentadas e confirmadas para a realização de seus objetivos: a necessidade de fortalecer a convivência dos jovens em grupo; a importância de conhecer, em visitas, os lugares escolhidos pelos jovens para seus projetos; a importância de dar sustentação aos projetos dos jovens para que possam repercutir significativamente na formação.

No plano dos desafios, também ficam destacados alguns pontos, como: a passagem da elaboração à execução dos projetos pelos jovens; a adesão dos jovens à fase de acompanhamento pós-formação sem os subsídios oferecidos na formação; a incorporação de estratégias de sustentação dos projetos dos jovens ao desenho das intervenções.

Programas e projetos que pretendam trabalhar com o jovem devem ser experiências que partam do que esse jovem apresenta como seu desejo e ponham no centro da intervenção proposta o grande desafio de acolher esse desejo, inovando em muitos aspectos e encontrando interlocutores para seus desafios em outros.

Considerações finais

O contexto apresentado por esta pesquisa nos proporciona uma oportunidade para reflexão em relação às ações desenvolvidas com o público jovem e, ainda, ao desafio de compreender questões pertinentes ao universo das juventudes.

As informações socioeconômicas analisadas neste relatório evidenciam um quadro que inspira preocupação para os gestores de projetos, programas e políticas dirigidas aos jovens.

Apesar de não haver, como em períodos anteriores, um crescimento populacional excessivo do segmento demográfico compreendido entre 15 e 24 anos, este grupo representa um contingente superior a 7 milhões de indivíduos no estado de São Paulo.

Além dessa amplitude, a situação educacional, as condições de saúde e do mercado de trabalho formam um cenário que provoca a necessidade de intervenções. Trata-se de um convite aos formuladores, gestores e avaliadores de políticas, programas e ações sociais, governamentais ou não-governamentais, para que reflitam de forma aprofundada e busquem alternativas inovadoras, criativas e abrangentes, que produzam uma melhoria nas condições de vida dos jovens, repercutindo nas condições de vida da sociedade como um todo.

Mais do que respostas, estas informações evocam questões que, em um amplo debate, podem gerar referências políticas e programáticas para as ações socioeducativas dedicadas a jovens de 15 a 24 anos.

Uma das questões relevantes para as quais contribuem os projetos e programas pesquisados é a do deslocamento da imagem do jovem-problema para a do jovem co-autor de soluções, com uma aposta na participação, no compromisso com o coletivo, na construção de propostas criativas de intervenção comunitária, no aprimoramento da comunicação, na educação, no desenvolvimento de competências e habilidades para o mundo do trabalho, o que facilita a emergência de potencialidades ignoradas socialmente, por preconceito ou desconhecimento.

Além disso, considerando o conjunto de projetos/programas pesquisados, destaca-se a abrangência municipal e comunitária como característica de grande percentual das ações, indicando que a questão juvenil está incluída nas agendas políticas locais.

No entanto, não se faz visível o leque de articulações estabelecidas no micro e no macroterritório, o que não permite depreender o quanto estão em consonância com as metas e os projetos de desenvolvimento macrorregional (pólos regionais).

Outro fator que demanda atenção é a necessidade de extensão da faixa etária atendida. O estabelecimento de referências programáticas específicas para este público pode funcionar como condição facilitadora para que mais organizações invistam em projetos para esse público. São poucas as organizações que já construíram uma trajetória de trabalho com jovens, consolidada por formação de educadores, produção de material didático, de pesquisa e sistematização de experiências. Estes fatores, somados a um trânsito da produção de conhecimentos entre as diferentes organizações, poderão subsidiar a implementação de projetos e programas mais efetivos e inovadores para esse segmento etário.

Quanto ao foco das ações – profissionalizantes e não-profissionalizantes –, o esforço reflexivo está colocado na definição de concepção de mercado de trabalho, mundo do trabalho, empregabilidade etc. Para essa discussão não é suficiente uma análise de postos de trabalho à disposição no mercado. Identifica-se a premência de considerar trajetórias de ocupação vivenciadas por estes jovens, uma visão prospectiva de oportunidades nos contextos locais e, ainda, a responsabilidade social das empresas.

O acompanhamento após o período de formação, seja para os programas profissionalizantes ou não, tem como princípio consolidar as experiências positivas vivenciadas durante o período de ação direta com os jovens. Os objetivos do acompanhamento devem, portanto, expressar tal princípio por meio da construção de uma rede de oportunidades implicada com o processo já iniciado de construção de um projeto de vida pessoal e/ou coletivo. A amplitude da rede deve corresponder aos múltiplos interesses dos jovens e estar em consonância com a característica de experimentação deste momento da vida.

Dessa forma, o cenário apresentado em relação aos apoiadores dos programas e projetos evidencia a possibilidade de desencadear a constituição de uma rede que tenha como grande função dar suporte às escolhas e aos projetos dos jovens. A inclusão destes atores como apoiadores da execução dos programas e projetos lança um desafio de articulação às organizações: elaborar um desenho de projeto no qual o poder público local e outros atores da sociedade civil participem da iniciativa de construir oportunidades para o público juvenil.

É necessário que os projetos e programas busquem enfrentar esses desafios e diferenciar-se positivamente em alguns aspectos:

- na proposta de convivência, durante a formação, de jovens de classes sociais diferentes;
- na metodologia de trabalho por projetos, que privilegia a análise de situações, o diagnóstico e a proposição de soluções para os problemas encontrados;
- na oferta de uma combinação de subsídios que permita ao jovem dedicar-se à formação;
- na intervenção que aposta no pacto social, tanto quando promove a convivência entre alunos de escolas públicas e particulares como quando privilegia o trabalho com projetos de intervenção comunitária.

Essa pesquisa, ainda que numa amostragem de programas e projetos com visibilidade, nos mostra um fortalecimento de posturas de atenção à juventude comprometidas com o reconhecimento dessa população como integrantes de uma sociedade capazes de contribuir com ela. Isso é possível graças à insistência dos jovens em mostrar suas contribuições, ao interesse em participar da vida comunitária e à abertura de adultos interessados em descobrir novas formas de enfrentamento das questões juvenis. Segundo Soares (2004, p. 142), há uma fome mais funda que a fome, mais exigente e voraz que a física: a fome de sentido e de valor; de reconhecimento e acolhimento; a fome de ser – com a consciência de que só se alcança "ser alguém" pela mediação do olhar alheio que nos reconhece e valoriza.

Definitivamente, gente não quer só comida!!!

Bibliografia

ABRAMO, H. W. Considerações sobre a tematização social da juventude no Brasil. *Revista Brasileira de Educação, Associação Nacional de Pós-Graduação e Pesquisa em Educação*, nº 5/6, 1997.

AGÊNCIA CÂMARA DE NOTÍCIAS: www.camara.gov.br, matéria de 25/11/2004.

CENPEC. ONG parceira da escola. São Paulo: Cenpec, 2003.

DELORS, J. Educação, um tesouro a descobrir: relatório para a UNESCO da Comissão Internacional sobre Educação para o Século XXI. São Paulo/Brasília: Cortez/MEC, 1998.

MARQUES, O. S. Escola noturna e jovens. *Revista Brasileira de Educação, Associação Nacional de Pós-Graduação e Pesquisa em Educação*, nº 5/6, 1997.

MARTINS, H. H. T. S. O jovem no mercado de trabalho. *Revista Brasileira de Educação, Associação Nacional de Pós-Graduação e Pesquisa em Educação*, nº 5/6, 1997.

MINISTÉRIO DO TRABALHO E EMPREGO: www.mte.gov.br.

POCHMANN, M. Juventudes em busca de novos caminhos no Brasil. In: NOVAES, R. & VANNUCHI, P. *Juventude e sociedade: trabalho, educação, cultura e participação*. São Paulo: Instituto Cidadania/Editora Fundação Perseu Abramo, 2004.

ROCHA, M. C. *A experiência de educar na rua: descobrindo possibilidades de ser-no-mundo*. Dissertação de Mestrado, Instituto de Psicologia, USP, 2000.

SOARES, L. E. Juventude e violência no Brasil contemporâneo. In: NOVAES, R. & VANUCCHI, P. *Juventude e sociedade: trabalho, educação, cultura e participação*. São Paulo: Instituto Cidadania/Editora Fundação Perseu Abramo, 2004.

SPOSITO, M. Algumas reflexões e muitas indagações sobre as relações entre juventude e escola no Brasil. In: ABRAMO, H. W. & BRANCO, P. P. M. *Retratos da juventude brasileira: análises de uma pesquisa nacional*. São Paulo: Instituto Cidadania/Editora Fundação Perseu Abramo, 2005.

SPOSITO, M. P. *Os jovens no Brasil: desigualdades multiplicadas e novas demandas políticas*. São Paulo: Ação Educativa, 2003.

SPOSITO, M. P. & GALVÃO, I. A experiência e as percepções de jovens na vida escolar na encruzilhada das aprendizagens: o conhecimento, a indisciplina, a violência. Mimeogr., 2001/2002.

TEIXEIRA, P. (coord.). *Juventude e cidadania em São Paulo: o direito ao futuro*. Grupo de Trabalho Juventude e Cidadania. São Paulo: Instituto Florestan Fernandes, Mimeogr., s.d.

TORO, B. Códigos da modernidade. In: COSTA, A. C. G. *Protagonismo juvenil: adolescência, educação e participação democrática*. Salvador: Fundação Odebrecht, 2000.

UNESCO. *Políticas públicas de/para/com juventudes*. Brasília: UNESCO, 2004.

VV. AA. *Adolescência: escolaridade, profissionalização e renda*. Propostas de políticas públicas para adolescentes de baixa escolaridade e baixa renda. Grupo técnico para elaboração de propostas de políticas para adolescentes de baixa escolaridade e baixa renda, dezembro de 2002.

VV. AA. *Projeto Juventude*. São Paulo: Instituto Cidadania, 2004.

ANEXOS

Tutorial (Guia de navegação no banco de dados)

Identificação da fonte:

- **Tipo:** web, relatório ou publicação
- **Referência ou localizador:** link ou título
- **Data mês e ano:** no caso da fonte ser a web, colocar a data da pesquisa
- **Publicador/editor:** quem quer que seja lido, quem divulga, institucional; pode ser um conjunto de uma ou mais instituições
- **Autor/autores:** pessoa física, se não tiver

Projetos ou programas

Os projetos referem-se a unidade menor de ação. São unidades de ação delimitadas no espaço e no tempo. Podem estar ou não incluídos em programas.

Programas são unidades de ação mais complexas e de maior escala, abrangendo vários projetos voltados para o mesmo público-alvo desenvolvidos de forma descentrada em vários espaços territoriais e no tempo. Comportam uma rede de projetos.

Assim, para efeitos do banco de dados, os programas foram considerados unidades de ação. Projetos isolados também foram considerados unidades de ação. Porém, projetos constituintes de programas não foram aqui registrados. Dessa forma, a amostra revelada de 99 projetos/programas poderia ter representado um número maior se tivessem sido contabilizados os agrupamentos de projetos constitutivos de um programa.

Para orientar o navegador está especificado na identificação se é programa ou projeto, com base em nossa pesquisa. Porém, é sempre importante destacar um principal complicador: os agentes promotores nem sempre fazem esta distinção.

Exemplos: o Projeto Pescar se intitula projeto mas reúne uma rede de projetos; o Programa Aprendiz Comgás se intitula programa mas se realiza como projeto em uma única unidade de ação.

Identificação

- **Abrangência:** Onde o projeto atua. Se atuar em mais de duas comunidades de um mesmo município, o projeto será considerado municipal. Se atuar em mais de dois municípios no mesmo estado, será considerado estadual.
- **Ano de início do projeto:** Ano da primeira edição do projeto ou início da edição única.
- **Edição atual ou edição única:** Projetos com duração e periodicidade mais definidas foram vistos como projetos que acontecem por edições. Projetos sem edições definidas são contínuos, sem interrupção, têm uma continuidade com o mesmo grupo de jovens.
- **Número de atendidos por edição:** Total de jovens atendidos na edição atual, ou total de jovens atendidos, no caso da edição única.

Duração da ação com o jovem

Qual a duração do projeto? A duração do projeto envolve o tempo de formação dos jovens; não é considerado aqui o tempo de acompanhamento pós-ação.

Qual a carga horária semanal? A quantidade de horas por semana em que o jovem está em formação.

Pós-ação com o jovem:

- **Há acompanhamento do jovem?**
Aqui serão considerados apenas projetos que dão acompanhamento após o término da formação do jovem no projeto, seja em relação à implementação do projeto dos próprios jovens, ao encaminhamento para o mundo do trabalho ou a outras atividades.
- **Por quanto tempo?** Tempo previsto para o acompanhamento pós-ação.
- **Qual atividade?** Atividades específicas desenvolvidas pelo acompanhamento pós-ação.

Foco da ação

- **Profissionalizante:** Projetos que visam formar o jovem para uma ocupação específica, com conteúdos a ser ensinados.
- **Não-profissionalizante:** Projetos com características de formação multidimensional, que colocam à disposição dos jovens situações de aprendizagem com a intenção de movimentar e criar novos interesses.

Caracterização do projeto/programa

- Proporcionar espaços de participação do jovem: o projeto tem uma preocupação clara em proporcionar momentos de participação do jovem nas decisões e no cotidiano do próprio programa ou a participação pública na comunidade, proporcionando assim o exercício da cidadania.

- Desenvolver habilidades e competências para o mundo do trabalho: o projeto não tem como objetivo principal a inserção no mundo do trabalho, mas de alguma forma prepara o jovem para tal.
- Assim, desenvolvem competências e habilidades para o mundo do trabalho que se diferenciam de competências específicas para a realização de alguma ocupação profissional. Esse tipo de objetivo abre o leque para a investigação dos projetos que têm como foco a aprendizagem de habilidades e competências específicas; no caso, projetos profissionalizantes e também projetos não-profissionalizantes que trabalham com a questão da formação integral por meio de eixos temáticos. Fica claro que projetos que não têm como foco a profissionalização trabalham de certa forma a empregabilidade do jovem, ou seja, a profissionalização não é o principal objetivo, mas apresentam a empregabilidade como um produto esperado.
- Fomentar o enfrentamento de questões comunitárias: projetos que trabalham com a implementação de projetos desenvolvidos pelos jovens em comunidades ou então de projetos que de alguma forma problematizam as questões da realidade local dos jovens.
- Propiciar a vivência de conteúdos escolares: projetos que vêem os conteúdos escolares como ferramenta para o desenvolvimento das habilidades e competências, tanto para a preparação para o mundo do trabalho como para o exercício da cidadania.
- Formar jovens empreendedores/geração de renda: o projeto visa a formação de jovens empreendedores que sejam capazes de gerar sua própria renda, abrindo um pequeno negócio, formando cooperativas ou microempreendimentos consorciados.
- Estágio ou trabalho voluntário: durante a formação, o projeto propõe vivências práticas por meio de estágios em parceria com empresas ou trabalhos voluntários em parceria com agências governamentais e não-governamentais.

Público-alvo

- Faixa etária: projetos que atendam jovens entre 15 e 24 anos.

Características do público-alvo:

- Baixa renda: situação socioeconômica como critério para inserção no projeto/programa.
- Risco social: jovens vulnerabilizados pela pobreza como critério para inserção no projeto/programa.
- Estudantes da rede pública de ensino ou que já concluíram: estar estudando ou já ter concluído os estudos como critério para inserção no projeto/programa.
- Interesse do jovem: o jovem querer participar do projeto é o critério principal, independentemente dos critérios anteriormente citados.
- Outros: projetos que têm outros critérios de inserção, como: estudantes da rede privada, jovens provenientes de outros programas da mesma instituição, portadores de deficiência.

Essas características não se comportam como excludentes, mas como predominâncias neste campo.

Subsídios para os jovens

Visualizar as condições favoráveis que os projetos podem oferecer aos jovens.

Que tipo de subsídio é oferecido ao jovem do projeto. Se for oferecida bolsa, qual o valor.

Outras informações

Qualquer outra informação que não se encaixe nas perguntas anteriores. Ex: projeto piloto, projeto em fase de disseminação.

Apoio

Financiamento do projeto: quem financia o projeto/programa?
Execução: quem executa o projeto/programa?
Coordenação: quem coordena o projeto/programa?

ANEXO 2

Blocos temáticos do banco de dados

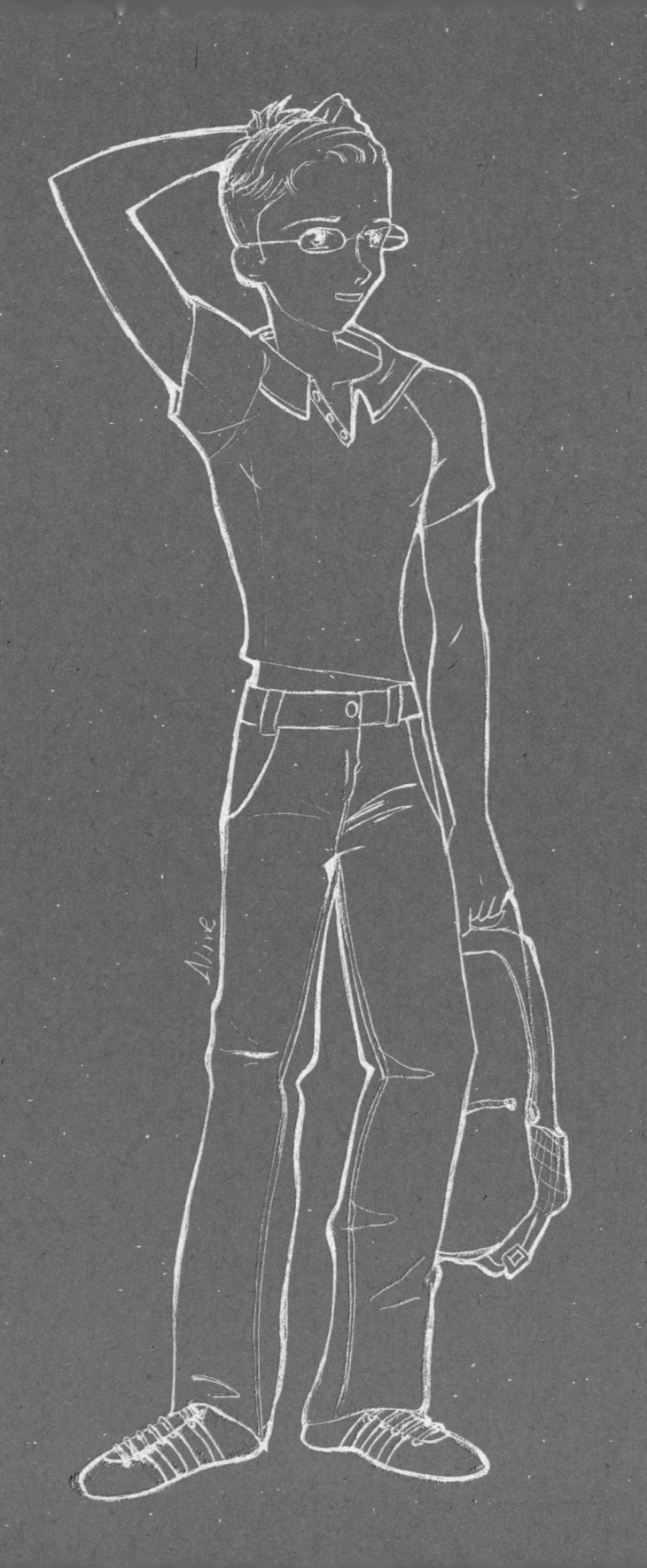

Quadros de projetos e programas visitados

Programa de Aprendizagem Profissional – Fundação Hélio Augusto de Souza – São José dos Campos

Objetivos
- Profissionalização do adolescente.
- Qualificação básica para a entrada no mercado de trabalho.
- Inserção no mercado de trabalho.

Formação
- Orientação profissional (6 meses).
- Cursos profissionalizantes (1 ano).
- Cursos técnicos (até 2 anos).

Acompanhamento pós-projeto
- Todos os jovens encaminhados para empresas conveniadas pela Lei do Aprendiz.
- Depois dos 18 anos, maioria dos jovens é contratada pelas empresas e, a partir desse momento, são acompanhados pelo Projeto Maioridade até os 21 anos.

Subsídios
- Bolsa vinculada à freqüência, com desconto equivalente à proporção de faltas.
- Transporte: durante a formação, conforme a necessidade de cada adolescente em função do local de residência.
- Alimentação: café da manhã e almoço ou almoço e café da tarde.
- Uniforme: da Fundação, de uso obrigatório.
- No acompanhamento, como aprendizes, recebem um salário de R$300,00 com direito à 13º salário, férias remuneradas, alimentação e transporte, pagos pelas empresas conveniadas.

Saída de jovens
- Poucos adolescentes saem durante a formação.
- Motivos: mudança de um curso para outro dentro da Fundação, mudança de cidade, medidas de proteção, dependência de drogas, oportunidade de trabalho mais bem remunerada.
- Não há uma faixa etária predominante para a saída.

- Quando os jovens saem dos cursos, é emitido um relatório para o Conselho Tutelar ou para a Vara da Infância e da Juventude, notificando a desistência.
- Saída de jovens no acompanhamento mais rara do que na formação. Aquilo que eles encontram nas empresas é o que eles esperavam mesmo.

Avaliação
- Questionário semestral, com auto-avaliação dos adolescentes, considerando seu comportamento, assiduidade, assimilação, comprometimento etc.
- Equipes se reúnem, discutem caso a caso e atribuem notas.
- Reuniões de equipe mensais, de avaliação dos adolescentes.
- Avaliação posterior à formação, pelo Projeto Maioridade, que verifica se o jovem está colocado no mercado de trabalho (elo entre a instituição e os jovens egressos).

Planos
- Ampliação da unidade da região leste em agosto de 2005 (de 100 para 300 jovens).
- Criação de um núcleo no centro da cidade.
- Elaboração de um kit de profissionalização para todas as unidades, para ampliação das opções de cursos disponíveis.
- Criação de instrumentos de avaliação específicos para cada projeto ou programa da Fundação, extensão do período de realização da pesquisa do Projeto Maioridade com os jovens para investigar como fica a colocação dos jovens no mercado na idade adulta.

Projeto Casa do Pequeno Cidadão
Secretaria Municipal do Bem-Estar Social – Marília

Objetivos
- Qualificação profissional.
- Tirar crianças e adolescentes das ruas.

Formação
- Metodologia do Senai.
- Eixos temáticos: meio ambiente, cultura e cidadania.

Acompanhamento pós-formação
- Encaminhamento para o mercado de trabalho.
- Projeto fica em contato com jovens e empresa para saber do andamento das atividades.
- Alguns jovens são efetivados, porém, a maioria, quando acaba o estágio, é dispensada e novos estagiários assumem os postos. Empresas não assumem o compromisso da responsabilidade social.

Subsídios
- Bolsa vinculada à freqüência, com limite de 4 faltas por mês (perde o direito à bolsa).
- Jovens não necessitam de transporte, já que as 8 unidades ficam em pontos estratégicos, perto dos locais de moradia.
- Alimentação: duas refeições nas atividades (almoço e lanche da tarde).

- Não há subsídios no acompanhamento.
- Maioria dos jovens repassa o dinheiro da bolsa para a família. Outros investem em roupas e na aparência.
- Bolsa é importante pois, dependendo da dificuldade dos jovens, eles sobrevivem só com o benefício. A alimentação é o mais importante, pois muitos não têm o que comer em casa.

Saída de jovens
- Há saída de jovens.
- Motivos: mudança de residência e emprego.
- Faixa etária de maior saída: de 17 a 18 anos, por conta de emprego.
- Quando o jovem sai, o Projeto mantém contato. Se é por causa de trabalho, o Projeto entra em contato com a empresa para acompanhar.
- Não há saída de jovens no acompanhamento.

Avaliação
- Ao final do ano, toda a equipe envolvida avalia as atividades e a satisfação dos adolescentes.

Planos
- Adquirir mais espaço físico.
- Adquirir pessoal mais especializado.

Oficinas de capacitação profissional – Cooperativa Educacional e Assistencial Casa do Zezinho – São Paulo

Objetivos
- Formar os jovens para crescerem como pessoas autônomas, terem noção do mercado de trabalho, conhecerem seus direitos, serem cidadãos, para que façam bem feito aquilo que escolherem fazer.

Formação
- Oficinas de capacitação profissional: Estúdio de Som, Marchetaria, Panificação, Reciclagem de Papel, Informática, Mosaico.
- Atividades de língua portuguesa, inglês, conteúdos escolares de forma geral.
- Atividades sobre os valores humanos, como a cidadania, o respeito ao outro, a importância do trabalho comunitário.

Acompanhamento pós-formação
- Acompanhamento acontece informalmente: jovens aparecem periodicamente na Casa para dar notícias.
- Não há subsídios no acompanhamento.
- Há jovens que se tornam assistentes de educadores e outros se destacam no mercado de trabalho como questionadores.
- Parceria com uma empresa que todo ano contrata um jovem pela Lei do Aprendiz.

Subsídios
- Jovens que recebem bolsa são estagiários que já fizeram a oficina de Reciclagem de Papel anteriormente e dão apoio aos educadores. Podem se tornar estagiários aqueles que tiverem interesse em continuar na oficina e que apresentarem habilidade para trabalhar com a reciclagem, na avaliação dos educadores. A bolsa é irregular, oferecida quando há encomendas para a oficina.
- Oficina de informática tem jovens como estagiários, sendo que esses jovens também passaram pela oficina anteriormente. Nessa oficina, a bolsa é regular e de maior valor (R$100,00).
- Não há necessidade de vale-transporte pois o público atendido é morador do entorno.
- Alimentação: no período em que o adolescente estiver em atividade na Casa (café, almoço ou lanche).
- Jovens entregam parte do dinheiro à família e parte destinam a uso pessoal (compra de tênis, celular etc.).
- A indisponibilidade de transporte dificulta a realização de atividades externas.

Saída de jovens
- Há saída de jovens.
- Motivos: busca de emprego quando a família pressiona, surgimento de alguma oportunidade de emprego.
- Faixa etária de maior saída: de 15 a 16 anos.
- Muitos dos jovens que saem voltam decepcionados com o mercado.

Avaliação
- Avaliação informal, sobre atividades realizadas, o processo, o que os jovens conseguiram aprender.

Planos
- Construir um acompanhamento pós-formação e uma avaliação sistemáticos.
- Realizar projetos ligados à temática do meio-ambiente e atividades para educadores, workshops que possam reverter em subsídios para as atividades da Casa, garantindo maior sustentabilidade financeira para as oficinas, de modo que todas possam acontecer e oferecer bolsa.

Programa Educação para o Trabalho – Quixote Jovem
Associação de Apoio ao Projeto Quixote – São Paulo

Objetivos
- Criar autonomia para os jovens arrumarem um emprego formal.
- Retirar o jovem ou da rua ou do mercado informal.

Formação
- Comunicação e linguagem, grafite, informática, projeto social (como criar e escrever um projeto), educação para o trabalho (currículo, entrevista, postura).

• Oficinas opcionais de habilidades específicas (bordado, eletricista).

Acompanhamento pós-formação
• Projeto tem parceria com empresas e mantém um canal aberto via telefone, caso o empregador tenha algum problema e queira entrar em contato.
• Esporadicamente, quando os jovens têm folga, eles vêm para o Quixote para um acompanhamento. É um momento de compartilhar pontos positivos e negativos.

Subsídios
• Bolsa: jovens recebem um holerite, como uma forma de começarem a lidar com o modo de pagamento das empresas.
• Transporte: para as atividades de formação e para idas ao médico ou dentista.
• Alimentação: lanche simples ao término das atividades de cada dia
• Passam a receber um salário oferecido pela própria empresa parceira.
• Jovens usam o dinheiro da bolsa para a compra de eletroeletrônicos e em gastos com a família.
• Bolsa é importante pois ajuda a população em situação de risco a não procurar outras formas de ganhar dinheiro e é o recurso mais imediato para o jovem chegar em casa e mostrar para a família.

Saída de jovens
• Há poucos casos de desistência no Programa.
• Motivos: surgimento de uma oportunidade de emprego formal, informal ou porque o jovem volta para as ruas.
• Faixa etária de maior saída: de 15 a 16 anos, por falta de maturidade ou falta de escolaridade, muitas vezes exigida pelas empresas.
• Programa tem uma equipe envolvida na tentativa de trazer o jovem de volta, que procura saber o motivo da saída e mostrar o Programa aberto à volta do jovem.
• No acompanhamento, o motivo para saída é a constituição de um núcleo familiar próprio.

Avaliação
• Mensalmente, avaliação para financiadores e, bimestralmente, avaliação para a instituição, com dados quanti e qualitativos.
• Semanalmente, reuniões da equipe envolvida para pensar novas estratégias.

Planos
• Ganhar mais espaço físico.
• Certificado de curso profissionalizante junto ao CMDCA.
• Previsão de lançamento de um livro sobre a experiência do Programa com jovens ao final de 2005.

Projeto Rádio Ativo
Rádio 89FM e Cidade-Escola aprendiz – São Paulo

Objetivos
* Facilitar a inclusão do jovem no mundo do trabalho.
* Proporcionar ao jovem a possibilidade de unir seus anseios pessoais às necessidades sociais.
* Introduzir os estudantes no universo da comunicação para que se sensibilizem à pluralidade de visões e opiniões e desenvolvam as habilidades de expressão, produção e crítica.
* Promover o debate de temas sociais junto ao público-alvo da rádio.

Formação
* Workshops dados por voluntários da rádio, que apresentam um panorama geral das áreas da 89FM.
* Rodízio pelas áreas em duplas: jornalismo, marketing, produção, atendimento, locução, programação musical, edição, estúdio, internet etc. (5 meses).
* Produção de um programa de rádio transmitido pela 89FM (2 meses).

Acompanhamento pós-formação
* Possibilidade de estágio na rádio para os universitários.
* Alguns jovens começam a fazer oficinas em escolas, palestras, com suporte informal do Projeto.
* Tanto a Cidade-Escola quanto a 89 FM fazem algumas pontes com instituições em que os jovens possam desenvolver algum trabalho ligado à comunicação; outros contatos são feitos pelos próprios jovens, especialmente em escola, para a realização de apresentações do projeto, palestras e oficinas.

Subsídios
* Bolsa: acompanhamento da freqüência e da participação dos jovens feito pela coordenação pedagógica.
* Transporte: incluído na bolsa, no mesmo valor para todos.
* Alimentação: almoço nos dias de atividade.
* No acompanhamento, em caso de estágio na rádio, jovens são remunerados como estagiários e, no acompanhamento informal das oficinas e palestras, não há subsídios.
* Jovens destinam o dinheiro da bolsa ao transporte para as atividades.
* Sem a bolsa, jovens teriam dificuldade para vir às atividades, por morarem na periferia. Alimentação também é importante porque eles vêm ou vão direto para a escola.

Saída de jovens
* Uma saída em cada turma, por mudança de cidade e desinteresse pelo Projeto.
* Há pouca evasão no Projeto, mesmo porque o número de jovens atendidos é pequeno, o que possibilita um acompanhamento bastante próximo. Projeto parte do pressuposto de que os jovens mais velhos (acima de 18 anos) saem com mais facilidade, em busca de emprego. Por isso, no processo seletivo, jovens ainda estudantes do Ensino Médio são priorizados, na aposta de que a sua ligação com a escola contribui para a sua permanência no Projeto.

Avaliação
- Voluntários da Rádio respondem um questionário sobre a relação com os jovens, as dificuldades ligadas aos conteúdos, a aprendizagem dos jovens.
- Jovens fazem uma auto-avaliação da aprendizagem e do processo de formação, como foi cada etapa.
- Educadores e o Conselho Gestor reúnem todas as informações e fazem uma reflexão sobre a metodologia e o relacionamento institucional dos parceiros.

Planos
- Começar a 3ª turma, que está em negociação na Fundação Bank Boston.
- Incluir a disseminação no desenho do projeto, trazendo jovens da 1ª e 2ª turmas para serem multiplicadores.
- Sistematizar a experiência para disseminar em outras rádios e testar em duas escolas públicas.

Programa Futuro@Eu – Educação para o Trabalho – Instituto Pão de Açucar de Desenvolvimento – São Paulo

Objetivos
- Desenvolver competências para a vida, para o mercado e para o desenvolvimento humano.

Formação
- Estações de trabalho: Saúde e Qualidade de Vida, Informática, Apresentação Pessoal, Atitude Empreendedora e Transações Comerciais.
- Visitas relacionadas aos conteúdos das estações.
- Projeto de conclusão de curso para colocar em prática todos os conteúdos trabalhados.

Acompanhamento pós-formação
- Carta para a residência do jovem para atualizar os dados e saber se já está trabalhando ou não.

Subsídios
- Bolsa oferecida aos filhos dos funcionários do Grupo Pão de Açúcar, considerado um crédito no salário dos funcionários, que se comprometem a repassar para o jovem como transporte ou alimentação.
- São oferecidos uniforme e material didático.
- Não há subsídios no acompanhamento.
- O dinheiro da bolsa é usado pelos jovens para transporte para as atividades do Programa.

Saída de jovens
- Há saída de jovens.
- Motivos: entrada no mercado de trabalho ou mudança de local de moradia.
- Não há uma faixa etária predominante para a saída de jovens.

- Quando quer sair, o jovem tem que informar a desistência e o Programa tenta conversar a respeito para evitar a saída.

Avaliação
- Não há avaliação no Programa.

Planos
- Disseminação.
- Sitematização de toda a metodologia para uma avaliação e monitoramento.
- Construção de indicadores de impacto.
- Estabelecer novas parcerias.

Programa Jovens Urbanos – Cenpec – São Paulo

Objetivos
- Ampliar o universo de referências culturais dos jovens.
- Construir com jovens alternativas de trabalho e renda por meio da elaboração de projetos sociais/comunitários.

Formação
- Atividades vivenciadas (2 meses): formação do grupo, construção de combinados.
- Investigação cartográfica (3 meses): (re)descoberta do lugar de moradia dos jovens, circulação na cidade e apropriação de espaços.
- Exploração e Experimentação (3 meses): oficinas nas áreas de Estética Urbana, Resíduos Sólidos e Comunicação, com saídas para visitas.
- Implementação dos Projetos (4 meses): sistematização da experiência acumulada por escrito, com entrada dos projetos em ação nos últimos 2 meses.

Acompanhamento pós-formação
- Depende das parcerias dos projetos dos jovens.
- Educadores das organizações que acompanham os grupos definem a forma do acompanhamento, que pode se dar em reuniões com o grupo, cursos e oficinas; ocorre uma reunião mensal de acompanhamento do Cenpec com cada organização.
- Está no começo, com a primeira turma formada pelo Programa, e tem se mostrado como um recurso importante de sustentação da continuidade dos projetos dos jovens.
- Esforço grande do Cenpec em garantir, dar sustentação às parcerias dos grupos, locais ou externas (cursos, trabalhos locais, doação de material, recursos humanos).

Subsídios
- Bolsa vinculada à freqüência e as atividades: a partir de um limite de faltas, o jovem é descadastrado do Programa.
- Alimentação nas atividades de formação.
- Jovens usam o dinheiro da bolsa para compor o orçamento familiar e para uso pessoal.
- Bolsa é importante para garantir a compra de coisas que os jovens não têm.
- Alimentação é importante como ritual que contribui para o coletivo.

- Não há bolsa nem alimentação nas atividades de acompanhamento.

Saída de jovens
- 48% de saída de jovens na 1ª edição.
- Motivos para saída: oportunidade de emprego, desinteresse pelas atividades, problemas familiares, gravidez, doenças.
- Nos três primeiros momentos da formação, há maior saída dos maiores de 18 anos; no 4º momento, maior saída dos mais novos.

Avaliação
- Questionário aplicado nos jovens pelo Cenpec acerca de dados gerenciais.
- Monitoramento externo das etapas do processo de formação.
- Sistematização da experiência de formação a partir das percepções de todos que a viveram.
- Avaliação econométrica com grupo-controle (480 jovens sem formação recebendo bolsa).

Planos
- Início da 2ª turma em julho/agosto de 2005, com 480 novos jovens.
- Início do Programa no Rio de Janeiro, com número de organizações e jovens participantes, em negociação.
- Seminário de socialização da sistematização e contato com outras experiências em julho/agosto 2005.

Projeto Observatório Social
Associação Casulo – São Paulo

Objetivos
- Desenvolver o olhar crítico e investigativo dos jovens, por meio do exercício de fazer perguntas para a comunidade.
- Acompanhar os jovens no desenvolvimento de uma pesquisa sobre a comunidade.

Formação
- Sensibilização/Integração (2 semanas): trabalho de convivência com as diferenças, período de formação do grupo.
- Leitura de Mundo (4 meses): discussão sobre a informação no mundo e atividades sobre mídia impressa, construção de banco de dados, instrumentos de pesquisa, trabalho com grandes temas, como cidadania, direitos humanos, meio-ambiente, sexualidade, relações raciais, cartografia da comunidade.
- Mapeamento do Real Parque (5 meses): aplicação de um questionário sobre escolaridade, moradia, renda, composição familiar etc. com toda a comunidade do Real Parque, seguida de tabulação, publicação e lançamento dos resultados da pesquisa.
- Leitura de Mundo (4 meses): retomada das discussões dos grandes temas, já com os dados da pesquisa.
- Intervenção Local/de Território (4 meses): elaboração de projetos de intervenção na comunidade. Organização para inscrever os projetos elaborados em processo seletivos para a busca de financiamento.

Acompanhamento pós-formação
- 1ª edição do Projeto se encerra em julho de 2005. A partir de agosto, jovens formados serão multiplicadores da experiência para outros jovens, com o acompanhamento de um educador do Projeto.

Subsídios
- Bolsa vinculada à freqüência. Jovens compensam horas de atividade perdidas. Com mais de 50% de faltas num mês, jovem sofre um desconto equivalente à sua porcentagem de faltas.
- Transporte: não recebem pois moram no bairro onde se desenvolve o Projeto.
- Alimentação: lanche nas atividades de 4h ou mais.
- Prevista a continuidade da bolsa e da alimentação no acompanhamento.
- Jovens usam o dinheiro da bolsa como fonte de renda da família e para uso pessoal (tênis, camisetas, atividades de cultura e lazer etc.).
- Bolsa é importante pois retarda a entrada no mercado de trabalho (subemprego), segura a pressão da família para que os jovens procurem trabalho e proporciona autonomia financeira para o jovem em pequenas coisas.

Saída de jovens
- Uma desistência, em razão de sucessivas decepções que o jovem sofreu com a reprovação de seus projetos em processos seletivos.

Avaliação
- Avaliação não sistemática, ao longo de toda a formação.
- Atividades, dinâmicas e conversas entre jovens e educadores, sobre processos, conteúdos abordados, objetivos atingidos, atividades planejadas e realizadas, conquistas e entraves encontrados.

Planos
- 2ª edição do Projeto em agosto/2005 para 25 jovens.
- Lançamento da sistematização da 1ª edição no 2º semestre/2005.
- Produção de um relatório da 1ª edição pelos jovens.

Programa Agente Jovem de Desenvolvimento Social e Humano – Secretaria Municipal de Assistência e Desenvolvimento Social – São Paulo

Objetivos
- Fortalecer o protagonismo juvenil.
- Favorecer a participação do jovem na comunidade onde mora por meio da elaboração e execução de projetos sociais.

Formação
- Aporte cultural (6 meses): aprofundamento de questões de cidadania.
- Investigação Cartográfica (2 meses): investigação das necessidades das comunidades.

- Construção dos projetos.
- Execução dos projetos.

Acompanhamento pós-formação
- Depende da organização parceira.
- Diretriz da Secretaria Municipal de Assistência e Desenvolvimento Social para que isso aconteça, mais do que algo do desenho do projeto.
- Alguns jovens são absorvidos como instrutores nas organizações ou seus projetos são apoiados.

Subsídios
- Bolsa não é vista como garantia da freqüência.
- Recebem alimentação via organizações parceiras.
- Não há subsídios no acompanhamento.
- Jovens destinam o dinheiro da bolsa à família, à compra de roupas e material didático.
- Bolsa é importante por ser uma forma de compor o orçamento doméstico e alimentação, é importante pois os jovens vão direto para a escola.

Saída de jovens
- Há saída de jovens.
- Motivos para saída: mudança de local de moradia, desinteresse, trabalho ou não adaptação à proposta do Programa.
- Faixa etária de maior saída de 17 e 18 anos, por exigência familiar ou de trabalho.

Avaliação
- Questionário do Ministério do Desenvolvimento Social sobre o impacto do Programa para o jovem.

Planos
- Reestruturação da metodologia do Programa.
- Mais recursos para pagar os profissionais e para contratar coordenadores do Programa para cada organização conveniada.
- Ampliação das metas para o município.

Programa Aprendiz Comgás
Cidade-Escola Aprendiz e Comgás – São Paulo

Objetivos
- Formar jovens empreendedores, capazes de idealizar, coordenar e executar projetos no campo social.
- Proporcionar a vivência da educação para a cidadania.
- Proporcionar o desenvolvimento de competências e habilidades importantes na relação com o mundo do trabalho.
- Apoiar os jovens no desenvolvimento de projetos voltados para o enfrentamento de questões comunitárias.
- Proporcionar a vivência de conteúdos escolares articulados aos desafios dos projetos.

- Sustentar o desenvolvimento e o aperfeiçoamento de uma metodologia.

Formação
- Quem sou eu e de onde venho (2 meses): integrar o grupo; identificar a motivação do jovem com o social e as habilidades.
- O que eu quero fazer (1 mês): levantamento de informações e sistematização (pré-projeto); conhecer a história do Brás.
- Como eu vou fazer / Vamos fazer (2 meses): escrita do projeto; desenvolver habilidades de negociação e específicas; mobilização; proporcionar experimentação / vivência; ação coletiva.
- Brás.
- Ação/Consolidação (1 mês): consolidar os projetos; avaliação; plano de continuidade.

Acompanhamento pós-formação
- Pós-PAC: Apoiar e acompanhar projetos, visando sua implementação; atender a maior demanda dos grupos que, em geral, estão em ação ou perto de entrar em ação; acompanhamento grupo a grupo.
- Encontros quinzenais de formação e oficinas específicas com convidados de fora do Programa.
- Visitas aos locais de ação dos projetos.

Subsídios
- Bolsa vinculada à participação, acompanhada pelo grupo e educadores.
- Transporte para atividades de formação, conforme local de moradia, descontado no mês seguinte se o jovem falta.
- Lanche nas atividades de formação e acompanhamento.
- No acompanhamento, grupos recebem ajuda de custo de R$20,00 por integrante, que o grupo administra.
- Bolsa é o mais importante pois garante recurso para o que o jovem precisar, inclusive alimentação e transporte.
- Nos primeiros meses de formação, jovens fazem uso pessoal do dinheiro da bolsa; nos últimos, destinam parte aos projetos.

Saída de jovens
- Saída de poucos jovens na 5ª edição do Programa.
- Motivos: oportunidade de emprego, mudança de cidade, desinteresse pelas atividades.
- Os que mais saem são os mais velhos (17 e 18 anos).
- Maior saída no acompanhamento do que na formação, pela redução dos subsídios.

Avaliação
- Avaliação dos módulos em atividades com os jovens feitas pelos educadores e pela assistência de coordenação pedagógica.
- Avaliação dos projetos pelos jovens e pelos educadores.
- Avaliação individual pelos jovens e pelos educadores.
- Relatórios dos educadores.
- Avaliação externa pelo Cenpec.

Planos
- Disseminação do Programa em outros municípios do estado de São Paulo em discussão.
- Revisão do manual de disseminação para 2006.
- Criação de um site vinculado ao site da Comgás para a interação entre as ações do Programa.

Programa Capacitação Inicial
Associação Vinhedense de Educação – Vinhedo

Objetivos
- Promover o desenvolvimento pessoal, social e profissional de cidadania do adolescente, capacitando-o para o mundo do trabalho e contribuindo para a construção de uma sociedade mais justa e solidária.
- Desenvolver o jovem em todos os aspectos, tendo como base os quatros pilares da educação.

Formação
- Conteúdos programáticos: Educação para o Trabalho, Comunicação e Expressão, Informática, Relações humanas, Arte do Pensar e Expressão Corporal.

Acompanhamento pós-formação
- Programa mantém contato com empresas conveniadas, submetendo-as a questionários de atualização do Programa em relação às necessidades e mudanças.
- 97% dos jovens que freqüentam o Programa conseguem o primeiro emprego, o que se reflete no tamanho da demanda. Por outro lado, apenas 50% desses jovens conseguem um segundo emprego, mercado mais formal.

Subsídios
- Bolsa: depende das empresas conveniadas, não vinculada à freqüência.
- Transporte: oferecido pelas empresas conveniadas.
- Alimentação: merenda durante a formação.
- Não há subsídios no acompanhamento.
- Programa não tem informações sobre como os jovens usam o dinheiro da bolsa.

Saída de jovens
- 2% de desligamentos do Programa por ano. Motivos para saída: falsidade ideológica (jovens mentem em relação à renda familiar e local de moradia) e trabalho. Faixa etária de saída variada no acompanhamento, há saída por comportamento inadequado dentro das empresas ou contratação como funcionários.

Avaliação
- Avaliações inicial, processual e final.
- Semanalmente, jovem passa por uma auto-avaliação que alimenta a avaliação da equipe.

Planos
- Ter um espaço próprio.
- Conseguir uma equipe pedagógica própria.
- Aperfeiçoar a metodologia.
- Implantar a Lei do Aprendiz 1097.

Projeto Integração – Fundação Hélio Augusto de Souza – São José dos Campos

Objetivos
- Oferecer ao adolescente a possibilidade de conhecer seu próprio amadurecimento e desenvolver sua visão de mundo, sua autonomia, sua formação intelectual, ter contato com linguagens artísticas e pensar como se inserir no mundo.
- Desenvolver por meio da arte a possibilidade de que ele veja o mundo de uma forma diferente, repensar a sua vida, ampliar seu repertório cultural.

Formação
- Metodologia de projetos e interdisciplinaridade.
- Quatro núcleos: Comunicação e Arte (rádio, edição gráfica, artes plásticas, informática), Artes Musicais (cultura regional do ribeirinho e seus reflexos na família), Expressão Corporal (teatro e dança, lateralidade, contato com o outro, o corpo), Expressão e Arte (arte popular com foco nas artes plásticas).
- Formação organizada em torno de produções dos adolescentes.

Acompanhamento pós-formação
- Maior parte dos adolescentes (85%) seguem para o Programa de Aprendizagem Profissional.
- Jovens que ainda não estão prontos seguem para o Programa Arte Educação II, no qual ficam até poderem voltar para o percurso da formação profissional.
- No Arte e Educação II, são trabalhados os mesmos conteúdos do Projeto Integração, em grupos menores, com um olhar mais individualizado e no ambiente mais aberto do parque da cidade. Alguns não querem sair do Arte e Educação II, tornam-se monitores.

Subsídios
- Bolsa distribuída conforme a freqüência, com desconto proporcional às faltas.
- Transporte distribuído conforme o local de residência e a freqüência.
- Alimentação: café da manhã e almoço ou almoço e café da tarde.
- Uniforme da Fundação, de uso obrigatório.
- No acompanhamento, continuam recebendo todos os subsídios.
- Maioria destina a maior parte do dinheiro para ajudar a família ou para uso pessoal.
- Em alguns casos, as refeições no Projeto são a única alimentação dos adolescentes. Se não houvesse o uniforme, não haveria uma padronização e a pobreza ficaria muito evidente.
- Bolsa é o mais importante, pois evita que o adolescente vá para as ruas em busca de dinheiro e para garantir o sustento da família.

Saída de jovens
- São poucos os adolescentes que saem. Dos 283 que estão atualmente, houve apenas um caso de saída, que foi de um jovem que estava ameaçado, em medida de proteção.

Avaliação
- Avaliação constante: avaliação do cliente, respondida pelo usuário (crianças/adolescentes, famílias e empresas, nos casos de convênio).
- Avaliação entre educadores e dos educadores com os adolescentes.
- Educadores avaliam os adolescentes, as atividades e o Projeto.
- Adolescentes avaliam cada professor e fazem uma auto-avaliação.

Planos
- Regionalizar o projeto em 8 unidades de São José dos Campos a partir de agosto de 2005, na tentativa de estar mais perto das famílias e mais acessível aos adolescentes.
- Trabalhar no Projeto Integração com 18 meses e não mais 6 meses, para que os educadores tenham mais tempo para fazer essa preparação dos adolescentes para a formação profissional. Jovens passarão a entrar mais cedo no Projeto, com anos.

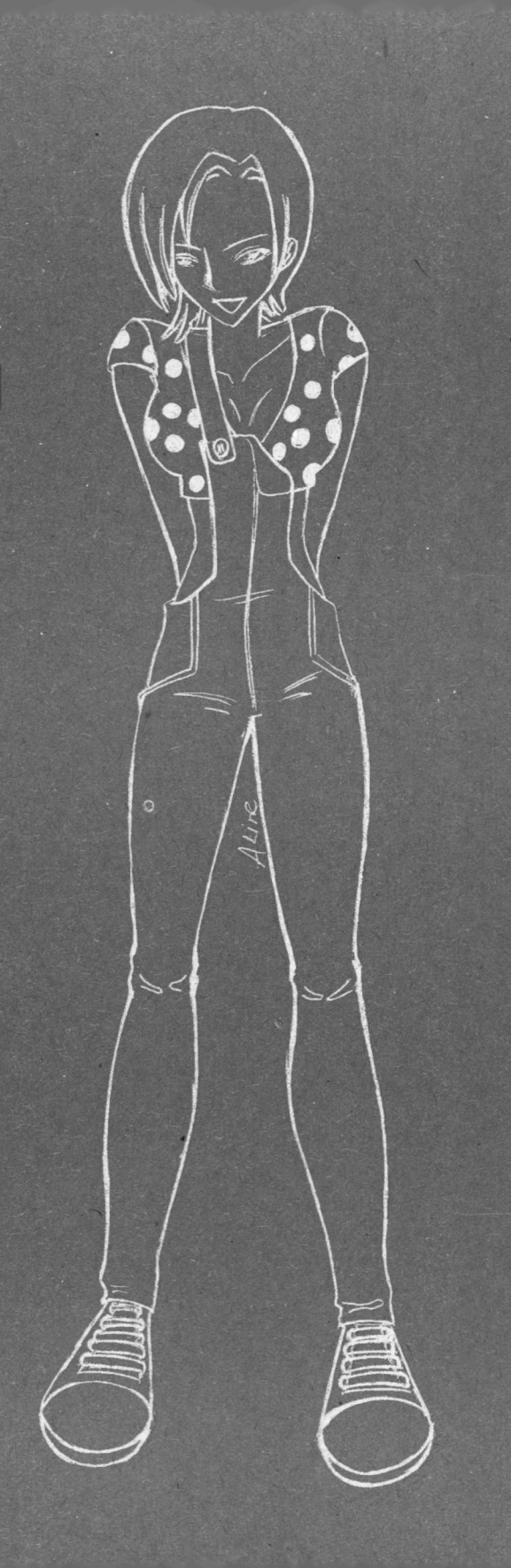

Tabelas complementares

4.1 – População jovem, por ano, segundo abrangência, Estado de São Paulo, Região Metropolitana e Município de São Paulo, 2000/2005

	2000	2001	2002	2003	2004	2005
Estado de São Paulo						
15 a 19 anos	3.634.347	3.600.384	3.565.004	3.529.856	3.494.977	3.459.100
20 a 24 anos	3.529.790	3.575.130	3.621.664	3.669.383	3.718.752	3.768.330
Região Metropolitana de São Paulo						
15 a 19 anos	1.754.502	1.725.176	1.696.241	1.667.751	1.639.693	1.612.073
20 a 24 anos	1.758.334	1.760.224	1.762.491	1.765.201	1.768.371	1.772.071
Município de São Paulo						
15 a 19 anos	991.896	962.949	934.483	906.506	879.027	852.053
20 a 24 anos	1.022.114	1.006.413	990.550	974.548	958.412	942.165

Fonte: IBGE/Fundação Seade.

4.2 – Internações hospitalares da população jovem (1) realizadas pelo SUS (2), por sexo, segundo capítulos da classificação internacional de doenças – CID X, Estado de São Paulo, 2000/2002

Capítulos da Classificação Internacional de Doenças (CID X)	Masculino		Feminino		Total	
	Ns. Abs.	%	Ns. Abs.	%	Ns. Abs.	%
Estado de São Paulo	80.452	100,00	319.388	100,00	399.840	100,00
I. Algumas doenças infecciosas e parasitárias	3.486	4,33	4.981	1,56	8.467	2,12
II. Neoplasias (tumores)	3.637	4,52	4.254	1,33	7.891	1,97
III. Doenças sangue órgãos hemat. e transt. imunitár.	924	1,15	1.384	0,43	2.308	0,58
IV. Doenças endócrinas nutricionais e metabólicas	832	1,03	1.683	0,53	2.515	0,63
IX. Doenças do aparelho circulatório	2.548	3,17	3.024	0,95	5.572	1,39
V. Transtornos mentais e comportamentais	6.439	8,00	2.856	0,89	9.295	2,32
VI. Doenças do sistema nervoso	2.093	2,60	1.751	0,55	3.844	0,96
VII. Doenças do olho e anexos	907	1,13	725	0,23	1.632	0,41
VIII. Doenças do ouvido e da apófise mastóide	431	0,54	476	0,15	907	0,23
X. Doenças do aparelho respiratório	6.371	7,92	6.362	1,99	12.733	3,18
XI. Doenças do aparelho digestivo	9.124	11,34	8.034	2,52	17.158	4,29
XII. Doenças da pele e do tecido subcutâneo	2.490	3,10	1.835	0,57	4.325	1,08
XIII. Doenças sistema osteomuscular e tec. conjuntivo	4.729	5,88	2.261	0,71	6.990	1,75
XIV. Doenças do aparelho geniturinário	4.492	5,58	17.210	5,39	21.702	5,43
XIX. Lesões enven. e alg. out. conseq. causas externas	27.238	33,86	7.052	2,21	34.290	8,58
XV. Gravidez parto e puerpério	–	–	250.362	78,39	250.362	62,62
XVI. Algumas afec. originadas no período perinatal	3	0,00	28	0,01	31	0,01
XVII. Malformação cong. deformid. e anomalias cromossômicas	1.100	1,37	1.105	0,35	2.205	0,55
XVIII. Sint. sinais e achad. anorm. ex. clín. e laborat.	1.780	2,21	2.526	0,79	4.306	1,08
XX. Causas externas de morbidade e mortalidade	77	0,10	35	0,01	112	0,03
XXI. Contatos com serviços de saúde	1.751	2,18	1.444	0,45	3.195	0,80

Fonte: Ministério da Saúde. (1) População jovem foi considerada entre 15 e 24 anos. (2) Sistema Único de Saúde.

4.3 – Taxa de analfabetismo da população de 15 anos e mais, por ano, segundo abrangência, Estado de São Paulo, Região Metropolitana e Município de São Paulo, 1991 e 2000

Abrangência	1991	2000
Estado de São Paulo	10,16	6,64
Região Metropolitana de São Paulo	8,5	5,57
Município de São Paulo	7,52	4,89

Fonte: Fundação IBGE; Fundação Seade.

Roteiro de entrevista – Visitas de aprofundamento

Nome do projeto/programa:
Nome do entrevistado:
Função no projeto/programa:

Vamos começar falando sobre a formação desenvolvida pelo projeto/programa

1. Para que vocês formam jovens? Com qual objetivo se desenvolve o projeto/programa? (Qual a missão do projeto/programa?)

2. Que temas são trabalhados na formação? (Que atividades, conteúdos são desenvolvidos? Como os objetivos são atingidos na prática?)

3. Que desafios você destacaria em relação ao trabalho de formação com jovens? (Formação: atividades de preparação no período especificado no banco de dados. Desafios: freqüência dos jovens às atividades, adesão dos jovens à proposta, dificuldades da formação.)

4. Sabemos que o projeto/programa faz acompanhamento pós-formação. Como acontece esse acompanhamento?

5. O que vocês têm observado em relação ao acompanhamento? (Os jovens estabelecem algum tipo de vínculo, como parcerias, contratação para trabalhar no próprio projeto/programa?)

Falando agora sobre os subsídios oferecidos pelo projeto/programa

6. Como funciona a distribuição dos subsídios no programa (Para quais atividades? Estão vinculados à freqüência, à participação nas atividades etc.?)

7. Os jovens recebem algum tipo de subsídio no acompanhamento?
( ) sim
( ) não – Seguir para a pergunta 9.

8. Qual(is)? Como é(são) distribuído(s)?

9. Vocês sabem como os jovens usam o dinheiro da bolsa?
( ) sim
( ) não – Seguir para a pergunta 11.

10. Como?

11. Vocês acham que os subsídios são importantes?
( ) sim
( ) não – Seguir para a pergunta 13.

12. Por que são importantes? Qual vocês acham mais importante e por quê?

Falando agora sobre a saída dos jovens do projeto/programa

13. Os jovens saem do projeto/programa durante o processo de formação?
(Desistem do projeto/programa, abandonam as atividades, deixam de participar?)
( ) sim
( ) não – Seguir para a pergunta 15.

14. Vocês sabem por quais motivos eles saem?

15. Qual a faixa etária em que os jovens mais saem do projeto/programa?

16. Os jovens que saem do projeto/programa mantêm algum tipo de contato com a instituição?
( ) sim
( ) não – Seguir para a pergunta 18.

17. Como é esse contato?

18. E no acompanhamento pós-projeto, há saída de jovens?
( ) sim
( ) não – Seguir para a pergunta 20.

19. Vocês sabem por quais motivos eles saem?

Em relação à avaliação no projeto/programa

20. Vocês fazem avaliação no projeto/programa?
( ) sim
( ) não – Seguir para a pergunta 22.

21. Como vocês fazem a avaliação? Quem participa? O que vocês avaliam?

Para terminar a conversa

22. Quais são os planos de vocês em relação ao projeto/programa (Está sendo disseminado? Há publicações em vista?)

23. Há alguma outra coisa que vocês gostariam de contar sobre o projeto/programa?

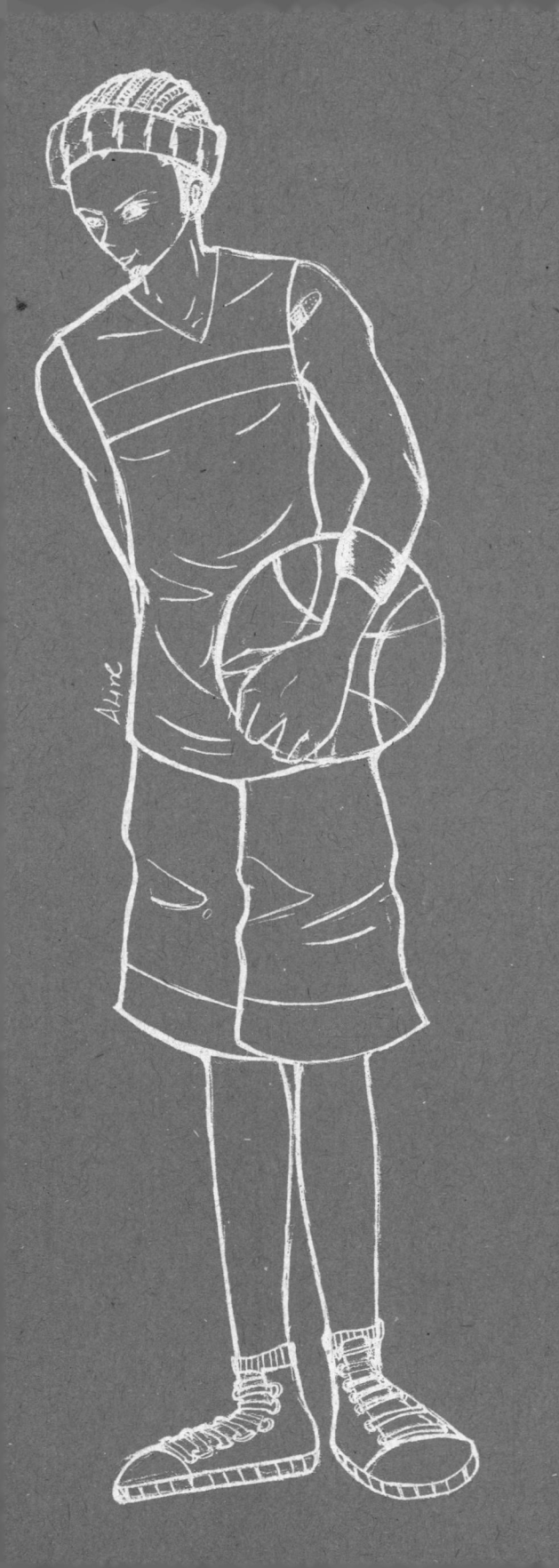

Quadros comparativos

6.1 – Quadro Comparativo – Formação

PROGRAMA AGENTE JOVEM DE DES. SOCIAL E HUM.

Objetivos
- Fortalecer o protagonismo juvenil.
- Favorecer a participação do jovem na comunidade onde mora por meio da elaboração e execução de projetos sociais.

Formação
- Aporte Cultural (6 meses): aprofundamento de questões de cidadania.
- Investigação Cartográfica (2 meses): investigação das necessidades das comunidades.
- Construção e Execução dos projetos (4 meses).

Público-alvo
- Baixa renda
- Risco socia
- 15 a 17 anos

Duração e carga horária
- 12 meses
- 20h semanais

PROGRAMA JOVENS URBANOS
- Ampliar universo de referências culturais dos jovens.
- Construir com jovens alternativas de trabalho e renda por meio da elaboração de projetos sociais/comunitários.

Formação
- Atividades Vivenciadas (2 meses): formação do grupo, construção de combinados.
- Investigação Cartográfica (3 meses): (re)descoberta do lugar de moradia dos jovens, circulação na cidade e apropriação de espaços.
- Exploração e Experimentação (3 meses): oficinas nas áreas de Estética Urbana, Resíduos Sólidos e Comunicação, com saídas para visitas.

- Implementação dos Projetos (4 meses): sistematização da experiência acumulada por escrito, com entrada dos projetos em ação nos últimos 2 meses.

Público-alvo
- Baixa renda
- Risco social
- 16 a 24 anos

Duração e carga horária
- 12 meses
- 12 horas semanais

PROJETO OBSERVATÓRIO SOCIAL

Objetivos
- Desenvolver o olhar crítico e investigativo dos jovens, por meio do exercício de fazer perguntas para a comunidade.
- Acompanhar os jovens no desenvolvimento de uma pesquisa sobre a comunidade.

Formação
- Sensibilização/Integração (2 semanas): convivência com diferenças, período de formação do grupo.
- Leitura de Mundo (4 meses): atividades sobre a informação no mundo, mídia impressa, construção de banco de dados, instrumentos de pesquisa, trabalho com grandes temas (cidadania, direitos humanos, meio ambiente, sexualidade, relações raciais), cartografia da comunidade.
- Mapeamento do Real Parque (5 meses): aplicação de questionário socioeconômico com toda a comunidade, seguida de tabulação e publicação dos resultados da pesquisa.
- Leitura de Mundo (4 meses): retomada das discussões dos grandes temas, já com os dados da pesquisa.
- Intervenção Local/de Território (4 meses): elaboração de projetos de intervenção na comunidade e organização para inscrever os projetos em processo seletivos para a busca de financiamento.

Público-alvo
- Baixa renda
- Risco social
- Oriundos da rede pública
- De 16 a 21 anos

Duração e carga horária
- 23 meses
- 12h (do 1º ao 15º mês) e 8h (do 16º ao 23º mês) semanais

PROGRAMA APRENDIZ COMGÁS

Objetivos
- Formar jovens empreendedores, capazes de idealizar, coordenar e executar projetos no campo social.
- Proporcionar a vivência da educação para a cidadania.
- Proporcionar o desenvolvimento de competências e habilidades importantes na relação com o mundo do trabalho.
- Apoiar os jovens no desenvolvimento de projetos voltados para o enfrentamento de questões comunitárias.
- Proporcionar a vivência de conteúdos escolares articulados aos desafios dos projetos.
- Sustentar o desenvolvimento e o aperfeiçoamento de uma metodologia.

Formação
- Quem sou eu e de onde venho (2 meses): integrar o grupo; identificar a motivação do jovem com o social e as habilidades.
- O que eu quero fazer (1 mês): levantamento de informações e sistematização (pré-projeto); conhecer a história do Brás.
- Como eu vou fazer / Vamos fazer (2 meses): escrita do projeto; desenvolver habilidades de negociação e específicas; mobilização; proporcionar experimentação / vivência; ação coletiva – Brás.
- Ação/Consolidação (1 mês): consolidar os projetos; avaliação; plano de continuidade.

Público-alvo
- Alunos ou formados na rede pública ou privada.
- Em grupos, com propostas de intervenção.
- 14 a 18 anos.

Duração e carga horária
- 6 meses
- 12h semanais

6.2 Quadro Comparativo – Acompanhamento Pós-formação

PROGRAMA AGENTE JOVEM DE DESENVOLVIMENTO SOCIAL E HUMANO

Acompanhamento pós-projeto
- Depende da organização parceira.
- Diretriz da Secretaria Municipal de Assistência e Desenvolvimento Social para que isso aconteça, mais do que algo do desenho do projeto.
- Alguns jovens são absorvidos como instrutores nas organizações parceiras ou seus projetos são apoiados.

Tempo do acompanhamento
- Sem tempo determinado.

Subsídios
• Não há subsídios no acompanhamento.

PROGRAMA JOVENS URBANOS

Acompanhamento pós-projeto
• Depende das parcerias dos projetos dos jovens
• Educadores das organizações que acompanham os grupos definem a forma do acompanhamento, que pode se dar em reuniões com o grupo, cursos e oficinas.
• Ocorre uma reunião mensal de acompanhamento do Cenpec com cada organização.
• Está no começo, com a primeira turma formada pelo Programa, e tem se mostrado como um recurso importante de sustentação da continuidade dos projetos dos jovens.
• Esforço grande do Programa em garantir, dar sustentação às parcerias dos grupos, locais ou externas (cursos, trabalhos locais, doação de material, recursos humanos).

Tempo de acompanhamento
• 6 meses

Subsídios
• Não há bolsa, nem alimentação, nem transporte nas atividades de acompanhamento.

PROJETO OBSERVATÓRIO SOCIAL

Acompanhamento pós-projeto
• 1ª edição do Projeto se encerra em julho de 2005. A partir de agosto, jovens formados serão multiplicadores da experiência para outros jovens, com o acompanhamento de um educador do Projeto.

Tempo de acompanhamento
• 6 meses

Subsídios
• Prevista a continuidade da bolsa (R$100,00) e da alimentação.

PROGRAMA APRENDIZ COMGÁS

Acompanhamento pós-projeto
• Pós-PAC: apoiar e acompanhar projetos, visando sua implementação; atender a maior demanda dos grupos que, em geral estão em ação ou perto de entrar em ação; acompanhamento grupo a grupo.
• Encontros quinzenais de formação e oficinas específicas com convidados de fora do Programa.
• Visitas aos locais de ação dos projetos.

Tempo de acompanhamento
• 6 meses

Subsídios
• Jovens têm alimentação e grupos recebem ajuda de custo de R$20,00 por integrante, que o grupo administra.

Desafios apresentados nas visitas de aprofundamento

Não-profissionalizantes

- Promover a convivência em grupo, a identificação do jovem como pessoa e as diferenças existentes no grupo; lidar com a resistência dos jovens em relação a regras, contratos e deveres; promover a abertura dos jovens para o grupo; conseguir superar a resistência dos jovens ao trabalho em grupo.
- Contribuir para o processo de amadurecimento pessoal dos jovens; concatenar tempos diferentes de amadurecimento dos jovens em relação à responsabilidade e ao compromisso com o grupo, com o trabalho proposto; lidar com a precariedade no conhecimento da língua por parte dos jovens.
- Lidar com dificuldades de leitura, escrita, interpretação de texto da maioria dos jovens do grupo; lidar com as dificuldades de leitura, escrita e fala dos jovens.
- Garantir uma orientação para os jovens dentro das empresas conveniadas; contribuir para que os jovens consigam não só o primeiro mas também o segundo emprego.
- Realizar mais atividades externas, acompanhando os jovens *in loco*; superar dificuldades logísticas para a realização de saídas, visitas a espaços externos; descobrir/valorizar novos espaços de visitas nas comunidades, na investigação cartográfica.
- Encontrar estratégias para lidar com o desânimo/desmotivação que ocorre nos grupos na fase de escrita do projeto e articulação de parcerias; ampliar as possibilidades de apresentação dos projetos; repensar aspectos como "objetivos", "parcerias" de um projeto, que às vezes não fazem sentido para os jovens; cuidar mais do redimensionamento dos projetos dos jovens; construir a formação de modo que, na fase de sistematização dos projetos, o repertório acumulado esteja disponível e possa alicerçar as ações.
- Encontrar estratégias para lidar com a instabilidade dos grupos em função da pressão que os jovens sofrem para buscar o mercado de trabalho; desfazer a associação que as famílias dos jovens estabelecem entre o projeto e o mundo do trabalho, fortalecendo a perspectiva de formação dos jovens.
- Aproveitar melhor a equipe de educadores para todos os grupos.

- Contribuir para que os jovens não percam os valores familiares e não queiram levar vantagem em tudo; construir novas formas de representação das comunidades, superando os mapas bidimensionais, que às vezes se restringem a uma apropriação espacializante dos lugares retratados.
- Promover maior integração entre os quatro momentos da formação, de modo que as vivências grupais sejam um processo continuado.
- Construir uma estratégia de monitoramento/avaliação das atividades pedagógicas.
- Garantir transporte para os jovens virem às atividades.
- Trabalhar com jovens que estão numa área de exclusão social.
- Motivar o jovem pelo protagonismo, de modo que ele possa mudar sua vida pessoal por meio de valores positivos.
- Despertar no jovem um movimento de autoconvocação para a atuação na comunidade.

Temas mais importantes citados por dois ou mais projetos e programas

- Relacionamento do jovem em grupo.
- Amadurecimento, compromisso e responsabilidade do jovem.
- Precariedade no conhecimento da norma culta da língua portuguesa/expressão oral e escrita.
- Inserção efetiva no mercado de trabalho.
- Realização de atividades externas, visitas.
- Formas de apresentação, sistematização e dimensão de projetos dos jovens.
- Pressão para a busca pela inserção no mercado de trabalho.

Profissionalizantes

- Motivar os adolescentes para o mercado de trabalho; fazer que o adolescente perceba que a exigência de qualificação é muito acentuada e não fique parado onde está; formar o espírito empreendedor, para que o jovem não tenha desafios e perceba as várias possibilidades que existem no mercado de trabalho; fazer que as famílias dos adolescentes ampliem seu olhar em relação às possibilidades de inserção dos filhos no mercado de trabalho.
- Trabalhar com as dificuldades de leitura e escrita que os jovens apresentam; lidar com dificuldades de fala e escrita dos jovens.
- Oferecer aos jovens uma formação ampla, para além da técnica; reconhecer e aproveitar as potencialidades dos jovens.
- Disseminar o projeto em outros espaços; favorecer movimento dos jovens de multiplicação do projeto em escolas de suas comunidades.
- Mostrar aos jovens que o projeto é mais importante do que a rua; conquistar as empresas conveniadas para o compromisso da responsabilidade social, de modo que os jovens sejam efetivados depois do período de estágio.

- Favorecer a interação dos jovens com profissionais voluntários.
- Favorecer a inclusão dos jovens portadores de deficiência.
- Contribuir para que os jovens se percebam como equipe no projeto, assumindo as responsabilidades e o compromisso com o grupo.

Temas mais importantes citados por dois ou mais projetos e programas

- Melhor inserção no mercado de trabalho.
- Dificuldades de leitura e escrita.
- Ampliação da abrangência da formação para além da técnica.
- Disseminação dos projetos.

MISSÃO

Contribuir para a construção de um mundo
mais solidário, justo e harmônico, publicando literatura
que ofereça novas perspectivas para a compreensão
do ser humano e do seu papel no planeta.

EDITORA
Peirópolis

A gente publica o que gosta de ler:
livros que transformam!